Gotthold Ephraim Lessing

Emilia Galotti

Materialien und Kopiervorlagen
von Jérôme Malow

Lektorat: Kristina Oerke, Mira Fischer
ISBN 978-3-86316-419-5

INHALT

VORWORT

„*Emilia Galotti*, das gesellschaftskritischste Stück Lessings" – mit diesen Worten kommentierte der Germanist Peter J. Brenner vor einigen Jahren das 1772 uraufgeführte Trauerspiel um eine junge Bürgerstochter, die dem Liebeswahn eines schwächlichen Fürsten, dem skrupellosen Handeln seines Kammerherrn und dem Primat einer verabsolutierten und realitätsfernen Tugend ihres Vaters zum Opfer fällt.

Brenner trifft mit dieser kurzen Wertung ins Zentrum einer möglichen Behandlung des Trauerspiels im gegenwärtigen Deutschunterricht. Während im wissenschaftlichen Diskurs vor allem über die politische Dimension des Werkes gerungen wurde, bietet gerade die soziale Komponente einen vielversprechenden Zugang zu Lessings Tragödie. Die – zweifellos auch politisch brisante – Darstellung zweier unterschiedlicher gesellschaftlicher Gruppen (Adel und Bürgertum), die Frage nach dem Verhältnis zwischen Mann und Frau, nach der Beziehung zwischen Tochter und Vater sowie der Bewertung des Tochtermords sind Themen, die über eine aktuelle Relevanz verfügen und Anknüpfungspunkte an die moderne Lebenswelt bieten. Gleichwohl hat am Anfang der Beschäftigung mit der „Emilia" das Verstehen des Textes aus seiner Zeit heraus im Vordergrund zu stehen.

Daraus ergibt sich der Fokus des vorliegenden Unterrichtsmaterials: Die Schüler sollen zu einer analytischen und produktionsorientierten Arbeit am und mit dem Text angeregt werden, die sich mit der Diskussion aktueller Konflikte verbindet.

Ferner wird die Entwicklung einer textgestützten Bewertungs- und Deutungskompetenz gefördert, deren Erwerb insbesondere für Schüler der gymnasialen Oberstufe ein Leitziel sein sollte. Die Schüler werden an eine differenzierte Wahrnehmung von Literatur herangeführt und angeleitet, das Denken in „Schwarz-Weiß-Mustern" zu durchbrechen. Hierzu ist Lessings „Emilia" geradezu prädestiniert: Lessing schuf in Umsetzung seiner „Hamburgischen Dramaturgie" vorwiegend „gemischte Charaktere", welche negative und positive Züge vereinigen und sich somit einer einfachen Etikettierung entziehen. In der Auseinandersetzung mit dem Werk sollen die Schüler auch zu einem kritischen Umgang mit fachwissenschaftlichen Bewertungen ermutigt werden.

Die Unterteilung in vier Kapitel (Autor und Entstehung / Handlung und Figuren / Sprache und Stil / Rezeptionsgeschichte) ermöglicht einen raschen, systematischen Zugriff auf die Materialien. Der Schwerpunkt liegt hierbei – entsprechend dem oben formulierten Ansatz – auf der inhaltlichen Betrachtung des Textes, also der Handlung und der Figuren.

Jedes Kapitel beginnt mit einem Lehrerteil, der neben didaktischen Hinweisen zur Einbindung der Kopiervorlagen in den Unterricht Lösungsvorschläge und weiterführende Anregungen bietet. Es folgen direkt einsetzbare Kopiervorlagen. Diese können als Einzelbausteine im Unterricht verwendet werden, gleichzeitig repräsentiert die im Material gewählte Reihenfolge eine mögliche Unterrichtsreihe. Verknüpfungsmöglichkeiten werden im Lehrerteil durch kurze Verweise aufgezeigt.

Die Seitenangaben im Material beziehen sich auf folgende Textausgabe: Gotthold Ephraim Lessing: Emilia Galotti. Stuttgart: Reclam 2017. Die auf den Kopiervorlagen abgedruckten Quellentexte wurden behutsam an die heutige Rechtschreibung angepasst.

1. AUTOR UND ENTSTEHUNG

EINFÜHRUNG

„Mein Name ist Gotthold Ephraim Lessing. Ich bin 47 Jahre alt. Ich habe ein / zwei Dutzend Puppen mit Sägemehl gestopft, das mein Blut war, einen Traum vom Theater in Deutschland geträumt und öffentlich über Dinge nachgedacht, die mich nicht interessierten.“ So beschrieb der moderne Dramatiker Heiner Müller in seinem 1976 erschienenen Stück „Leben Gundlings Friedrich von Preußen Lessings Schlaf Traum Schrei. Ein Greuelmärchen“ den im sächsischen Kamenz geborenen Dichter Gotthold Ephraim Lessing (1729–1781), der an der renommierten Klosterschule St. Afra in Meißen erzogen wurde und sich nach kurzzeitigen Studien der Theologie und Medizin dem Theater zuwandte. Getragen ist Müllers Lessing-Sequenz von dem Wunsch, die pathetische Klassikerverehrung zu relativieren.

In der Tat wurde Lessing von der Nachwelt – auch von zahlreichen literaturwissenschaftlichen Rezipienten – in den dichterischen Adelsstand erhoben: Es gibt kaum eine Stadt ohne Lessingstraße, in einem bekannten Gesellschaftsspiel bildet Lessing mit Schiller und Goethe das „Dreigestirn der deutschen Literatur“ und mehr als eine Handvoll bekannter Preise tragen seinen Namen. In Schulbüchern wird der Sohn eines protestantischen Pfarrers häufig als die „überragende Gestalt der deutschen Aufklärung“ (Wolf Wucherpfennig: Geschichte der deutschen Literatur. Von den Anfängen bis zur Gegenwart. Stuttgart u. a. O. 1986, S. 91) bezeichnet.

Sicherlich kann kein Zweifel daran bestehen, dass Lessing nachhaltig auf die deutsche Literatur gewirkt hat: Er durchbrach die mechanische Befolgung der drei Einheiten Zeit, Ort und Handlung, öffnete die Bühne für nicht-adlige Protagonisten, empfahl die Darstellung nachvollziehbarer, realitätsnaher Charaktere und verteidigte den Wert der Dichtung gegenüber anderen Kunstformen wie der Malerei. Gleichwohl ist es für eine schulische Beschäftigung mit der Person Lessings durchaus sinnvoll, ihn nicht als ein Denkmal vorzustellen, sondern die Brüche und Zweifel im Leben des Autors in den Blick zu nehmen, um den Schülern einen persönlicheren Zugang zum Dichter der „Emilia Galotti“ zu ermöglichen. Die Kernthemen der Aufklärung – die Kritik an der absolutistischen Herrschaft, die Betonung der Vernunft und des eigenständigen Denkens – bilden die ideologisch-theoretische Grundlage für Lessings Drama. Somit ist ein Blick auf die Epoche und die zeitgenössischen Umstände für das Verständnis und die angemessene Würdigung der Bedeutung und Brisanz des Trauerspiels unerlässlich.

Stellenwert und Zeitpunkt der Behandlung von Biografie und Epoche im Rahmen einer Unterrichtseinheit zu einem literarischen Werk sind seit vielen Jahren Gegenstand literaturdidaktischer Kontroversen. Die Voranstellung des Kapitels „Autor und Entstehung“ ergibt sich aus der thematischen Gliederung dieses Materials. Im Unterricht hat sich eine Aufteilung des Kapitels bewährt: Als Vorbereitung wird die Epoche der „Aufklärung“ thematisiert, die Untersuchung der Biografie erfolgt nach der Lektüre.

Lernziele

- Die Schüler lernen wesentliche Ereignisse und Einflüsse im Leben des Autors kennen.
- Sie erfassen grundlegende Gedanken und Werte der Epoche der Aufklärung. Dabei erkennen sie Zusammenhänge zwischen literarischen Werken und gesellschaftlichen Entwicklungen.

Zur Kopiervorlage Seite 8: „ICH BIN WAHRLICH NUR EINE MÜHLE …“

Anstelle eines biografischen Abrisses eröffnet diese Kopiervorlage die Möglichkeit, dem Dichter und Menschen Lessing in einer metaphorischen, aber sehr persönlichen Selbstbeschreibung zu begegnen. Insbesondere der 55. der Antiquarischen Briefe bietet ein eindrucksvolles Bild des Menschen Lessing, seiner Nöte und Hoffnungen. Lessing erscheint hier als einsamer, selbstzweiflerischer und kränkelnder Dichter, der ein gewisses Maß an Freiheit einfordert.

Als Einstieg in die Auseinandersetzung mit Lessings Leben und Denken kann den Schülern die Aufgabe gegeben werden, ihre eigene Existenz in Bildern zu beschreiben. Da es sich hierbei aber um eine sehr persönliche Aufgabe handelt, sollte jeder selbst entscheiden dürfen, ob er das Ergebnis präsentieren möchte oder nicht. Anschließend arbeiten die Schüler aus den auf dem Arbeitsblatt vorgegebenen Textausschnitten wesentliche Aspekte des Selbstverständnisses Lessings heraus.

Für die Erschließung des sehr bildhaften ersten Quellentextes bieten sich alternativ folgende Herangehensweisen an:

- Die Schüler verfassen eine „Übersetzung“ der ersten Selbstbeschreibung, im Zuge derer sie sich intensiv mit dem Bedeutungsgehalt der einzelnen Bilder auseinandersetzen.
- Die Schüler erhalten die erste Quelle als Lückentext und erarbeiten in Partnerarbeit passende Ergänzungen. Als Unterstützung kann man den Schülern Einsetzmöglichkeiten vorgeben. Sinnvolle Tilgungen sind: „kein Riese“, „auf einem Sandhügel allein“, „meine Freunde“, „Mücken“, „Ekel“.

Lösung

Zentrale Aspekte sind: Bescheidenheit / Understatement („nur eine Mühle und kein Riese“), Einsamkeit („auf einem Sandhügel allein“), Einzelgängertum („helfe niemandem, und lasse mir von niemandem helfen“), Einforderung persönlicher Freiheit („diesen Umlauf lasse man ihnen [seinen Flügeln] frei“), Leidenswille / Dichterpathos („aber sollten sich wohl Dichter eine athletische Gesundheit wünschen?“).

Weiterführende Anregung

Dichterische Selbstkritik und narzisstische Selbstmitleidstendenzen sind kein Alleinstellungsmerkmal Lessings, sondern lassen sich als ein Kontinuum gelehrter Selbstreflexion beobachten. Interessant ist in diesem Zusammenhang ein Vergleich des 55. Antiquarischen Briefes mit einem Tagebucheintrag von Franz Kafka: „Ein Bild meiner Existenz [...] gibt eine nutzlose, mit Schnee und Reif überbedeckte, schief in den Erdboden leicht eingebohrte Stange auf einem bis in die Tiefe aufgewühlten Feld am Rande einer großen Ebene in einer dunklen Winternacht.“ (Tagebucheintrag vom 5. 12. 1914; Franz Kafka: Tagebücher. In der Fassung der Handschrift. Hg. von Hans-Gerd Koch u. a. Frankfurt a. M. 1997, S. 705) Die Schüler erarbeiten Gemeinsamkeiten (u. a. Minderwertigkeits- und Außenseitertopos) und versuchen diese zu erklären. Dabei kann die Frage erörtert werden, inwiefern man außerhalb einer Gesellschaft stehen darf oder muss, um diese kritisch zu reflektieren.

Zu den Kopiervorlagen Seiten 9/10: LESSINGS LEBENSUHR

Diese Kopiervorlage bietet eine Kurzfassung der Biografie Lessings. Der Vorzug der Darstellung Peter J. Brenners ist, dass er nicht in eine Idealisierung Lessings verfällt, sondern die Brüche und Probleme im Leben des Dichters aufzeigt, wodurch ein differenzierteres und persönlicheres Bild des Verfassers der „Emilia“ entsteht.

Der Text kann als Weiterführung der Selbstbeschreibung Lessings (siehe KV Seite 8) eingesetzt werden. Falls Sie diesen Text nicht ausführlicher behandeln möchten, kann der 55. der Antiquarischen Briefe als Einstieg genutzt werden, z. B. in Form eines Lehrervortrags.

Alternativ können Selbst- und Fremddarstellung von Lessings Leben in Gruppen arbeitsteilig gelesen werden. Die Schüler bearbeiten die entsprechenden Aufgaben, präsentieren und vergleichen ihre Ergebnisse in der Klasse.

Auf der Grundlage des Erarbeiteten können die Schüler einen kurzen Lexikoneintrag zu Lessing verfassen – nach dem gängigen Muster: Name, Lebensdaten und -stationen, Bewertung.

Lösung

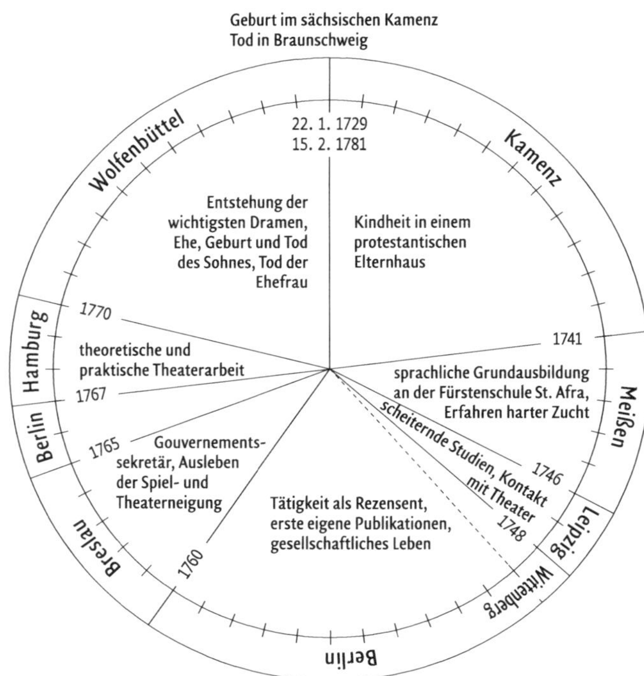

Zur Kopiervorlage Seite 11: FABELHAFTE AUFKLÄRUNG

Lessings Fabel zeigt die doppelte Kritik der Aufklärung: Die Herrschenden (Adel und Klerus) missachten die Grundbedürfnisse des Volkes, die Untergebenen wiederum erdulden ihr Schicksal wie „tumbe“ Esel. Somit nimmt Lessing hier Kants Kritik an der „selbstverschuldeten Unmündigkeit“ vorweg.

Neben der Erarbeitung dieser Kernkritikpunkte kann die Fabel dazu genutzt werden, die implizierten Absichten und die Zielgruppe Lessings zu diskutieren. Der Titel „Die Esel“ sowie die Gesamtanlage deuten darauf hin, dass die Fabel primär die bürgerliche Leserschaft „aufrütteln“ sollte. Durch das Verfassen einer kurzen Ansprache aus der Sicht des Dichters findet eine erste Auseinandersetzung mit der Epoche der „Emilia Galotti“ sowie mit Lessing und der Wirkungsabsicht seiner Literatur statt.

Als Einstieg bietet sich ein Brainstorming zum Begriff „Esel“ an. Für die Erschließung des Textes eignen sich neben der auf der Kopiervorlage vorgeschlagenen Vorgehensweise produktionsorientierte Zugriffe:

1. Die Schüler erhalten zunächst nur den Anfang des Textes (bis „ohne Ursache nicht sein“, „euer Schicksal zu erleichtern“ oder „den Arm des Treibers ermüden“) mit der Aufgabe, einen eigenen Schluss zu schreiben. Die zu erwartenden Unterschiede zum Originalschluss eröffnen eine fruchtbare Grundlage für die Diskussion der lessingschen Fabel.
2. Eine zeitsparendere Option ist das Weglassen von „weise“, „gnädig“, „erfreut“, „der allgemeinen Liebe“ mit der Auf-

gabe, die Lücken zu füllen. Der Vergleich mit der Originalversion kann wiederum als „Türöffner“ für die Diskussion genutzt werden.

Lösung
Aufgaben 1 bis 3
Lessing kritisiert drei Aspekte:

- die Ausbeutung der „Esel“ (= Untergebene) durch die „Menschen“ (= Herrscher),
- das leichtgläubige Hilfegesuch der Esel beim wenig hilfreichen „Zeus“ (= religiöse Instanz),
- die Dummheit der „Esel“, die sich für die nur scheinbare Lösung euphorisch und untertänig bedanken.

Moral: Wenn sich die Unterdrückten mit ihrem Schicksal zufriedengeben, wird sich ihre Situation niemals ändern. → Lessings Ansprache sollte sich also an die „Esel“ richten und diesen ihre Dummheit vor Augen führen.

■ Zu den Kopiervorlagen Seiten 12 – 14: DIE SONNE GEHT AUF WAS IST AUFKLÄRUNG?

Ein Klassikertext zur Epoche der Aufklärung ist zweifelsohne Immanuel Kants Beantwortung der Frage „Was ist Aufklärung?“. Für den Deutschunterricht ist diese Abhandlung insofern geeignet, als sie einen Zugang zur Epoche ermöglicht, der einige für die Lektüre wesentliche Gedanken anführt. So nennt der Königsberger Philosoph das Leitziel der Aufklärung („Sapere aude!“) sowie die bisherigen Hemmnisse (Faulheit und Feigheit der Menschen, Behinderung durch Herrschende) und streift nebenbei die Rolle der Frau.

Es bietet sich an, die Schüler zunächst selbst eine Antwort auf die Frage „Was ist Aufklärung?“ finden zu lassen, bevor sie sich mit Daniel Chodowieckis (1726 – 1801) allegorischem Kupferstich (KV „Die Sonne geht auf“) auseinandersetzen.

Anhand von vorgegebenen Leitfragen erarbeiten die Schüler anschließend zentrale Aspekte des Kant-Textes. Die Interviewsituation trägt dem produktionsorientierten Ansatz Rechnung und bietet gleichzeitig eine methodisch ansprechende Form der Ergebnissicherung.

Einen stärker analytisch ausgerichteten Zugriff bietet alternativ folgende Aufgabenstellung: Erstellen Sie ein Schema zu den Grundgedanken Kants. Wie definiert Kant die Aufklärung? Welche Gründe für die bisherige Unaufgeklärtheit nennt er? Welche Bedingungen müssen demnach erfüllt sein?

Die Textstelle von Zeile 22 bis Zeile 37 („Dass der bei weitem größte Teil“ bis „ferneren Versuchen ab“) in Kants Darlegung der Aufklärung kann zudem im Zusammenhang mit der Diskussion des Vater-Tochter-Verhältnisses (siehe KV Seite 33) oder der Frage der Schuld (siehe KV Seite 39) genutzt werden.

Lösung Seite 12
Aufgabe 1
Im Vordergrund sieht man einen Lastenkarren und einen Reiter, die sich auf einer einsamen Landstraße, von dunklem Wald umgeben, auf eine Siedlung zu bewegen. Von dieser sind vor allem zwei Türme zu sehen: ein Kirchturm mit Kreuz und ein schlossartiges Gebäude, das für das Haus eines weltlichen Herrschers stehen könnte. Die Siedlung liegt zum Teil noch unter einer dichten Wolke, wird aber im Gegensatz zum Vordergrund des Bildes bereits durch das helle Licht der im Hintergrund aufgehenden Sonne erleuchtet.
Mögliche Assoziationen: Neubeginn, „Erleuchtung“, Erkenntnis, Aufbruch, Vertreibung der Dunkelheit

Aufgabe 2
Die aufgehende Sonne (d. h. die Vernunft) muss sich zunächst durch die „Nebel“ (d. h. Verschleierungen oder den Irrglauben) kämpfen, die von „Sümpfen“ (evtl. bestehende weltliche Machtverhältnisse), „(Weih-)Rauchfässern“ (d. h. der Institution Kirche) und „Brandopfern auf Götzenaltären“ (d. h. dem Aberglauben) ausgehen.

Lösung Seite 14
Aufgabe 2

- „Aufklärung ist der Mut, sich von der Bevormundung durch andere zu befreien und den eigenen Verstand einzusetzen.“
- „Am fehlenden Verstand liegt es nicht. Aber die meisten Menschen sind faul und feige. Sie halten es für bequemer und weniger gefährlich, wenn andere ihnen die Verantwortung für ihre Entscheidungen abnehmen. So gesehen sind sie selbst schuld an diesem Zustand.“
- „Der Prozess der Aufklärung muss langsam ablaufen. Zunächst schaffen es nur einige wenige, sich aus eigener Kraft aus der Unmündigkeit zu befreien. Diese können ihr Wissen und ihre Werte dann an andere weitergeben.“
- „Optimal ist es natürlich, wenn ein Herrscher dazu bereit ist, diese Rolle des Aufklärers zu übernehmen. Aber häufig ist es diesen eher daran gelegen, ihre Untergebenen in Unmündigkeit zu halten, um über sie herrschen zu können.“
- „Auch Frauen sollten an dem Prozess der Aufklärung teilhaben. Bisher sind sie alle unmündig, aber auch sie können aus dieser Unfreiheit herausgeführt werden.“
- „Wir befinden uns bereits im Zeitalter der Aufklärung. Wenn wir unseren Weg konsequent weiterverfolgen, bin ich sicher, dass in 200 Jahren die Menschheit aufgeklärt und frei ist.“

„ICH BIN WAHRLICH NUR EINE MÜHLE …"

Arbeiten Sie die zentralen Aspekte der Selbstbeschreibung Lessings aus den beiden Briefen heraus. Berücksichtigen Sie dabei folgende Fragen:

- **Wie charakterisiert sich Lessing?**
- **Welche Wünsche hat er?**
- **Welche Ängste äußert er?**
- **Welches Dichterbild zeichnet er?**

Anton Graff, Gotthold Ephraim Lessing (1771)

Lessing im 55. der „Antiquarischen Briefe" (1768)

Ich bin wahrlich nur eine Mühle und kein Riese. Da stehe ich auf meinem Platze, ganz außer dem Dorfe, auf einem Sandhügel allein, und komme zu niemandem, und helfe niemandem, und lasse mir von niemandem helfen. Wenn ich meinen Steinen etwas aufzuschütten habe, so mahle ich es ab, es mag sein mit welchem Winde es will. Alle zweiunddreißig Winde sind meine Freunde. Von der ganzen weiten Atmosphäre verlange ich nicht einen Fingerbreit mehr, als gerade meine Flügel zu ihrem Umlaufe brauchen. Nur diesen Umlauf lasse man ihnen frei. Mücken können dazwischen hin schwärmen: aber mutwillige Buben müssen nicht alle Augenblicke sich darunter durchjagen wollen; noch weniger muss sie eine Hand hemmen wollen, die nicht stärker ist, als der Wind, der mich umtreibt. Wen meine Flügel mit in die Luft schleudern, der hat es sich selbst zuzuschreiben: auch kann ich ihn nicht sanfter niedersetzen, als er fällt. […] Doch genug hiervon. Schon wird meine eigene Rechtfertigung mir selbst zum Ekel.

Gotthold Ephraim Lessing: Briefe antiquarischen Inhalts. Berlin 1768, S. 252–253.

Lessing an Karl Wilhelm Ramler (5. August 1764)

Krank will ich wohl einmal sein, aber sterben will ich deswegen noch nicht. Ich bin so ziemlich wieder hergestellt; außer dass ich noch mit häufigem Schwindel beschwert bin. Ich hoffe, dass sich auch dieser bald verlieren soll; und alsdann werde ich wie neugeboren sein. […]

Ihre Liebe wünschet mich gesund; aber sollten sich wohl Dichter eine athletische Gesundheit wünschen? Sollte der Phantasie, der Empfindung, nicht ein gewisser Grad von Unpässlichkeit weit zuträglicher sein? Die Horaze und Ramler wohnen in schwächlichen Körpern. Die gesunden Theophile [ein mit Lessing befreundeter Schauspieler] und Lessinge werden Spieler und Säufer. Wünschen Sie mich also gesund, liebster Freund; aber wo möglich, mit einem kleinen Denkzeichen gesund, mit einem kleinen Pfahl im Fleische, der den Dichter von Zeit zu Zeit den hinfälligen Menschen empfinden lasse […]!

In: Gotthold Ephraim Lessings Briefwechsel mit Karl Wilhelm Ramler, Johann Joachim Eschenburg und Friedrich Nicolai. Hg. von Friedrich Nicolai. Berlin u. a. O. 1794, S. 23–24.

LESSINGS LEBENSUHR

Erstellen Sie mithilfe des Textes auf einem DIN-A4-Blatt eine „Lebensuhr" Lessings: Tragen Sie die zentralen Lebensstationen in chronologischer Reihenfolge – dem Uhrzeigersinn folgend – ein und halten Sie jeweils in Stichworten fest, worin die Bedeutung der jeweiligen Phase liegt.

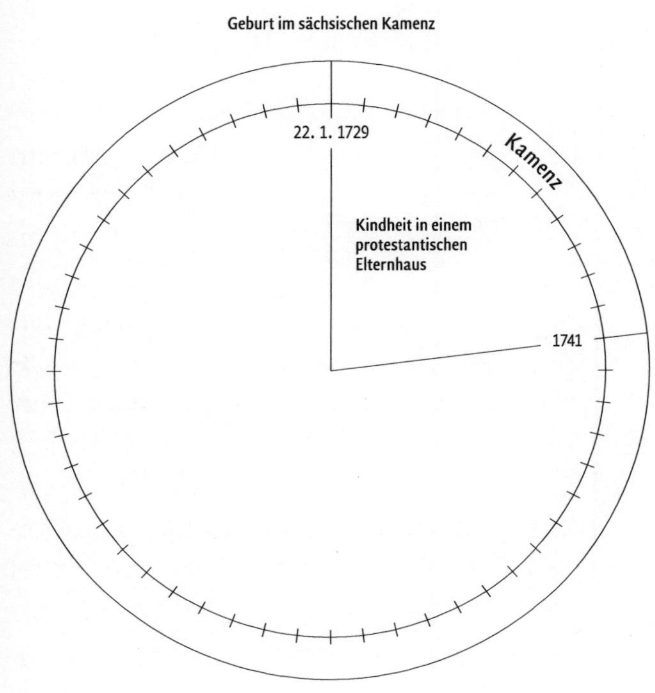

Peter J. Brenner, Gotthold Ephraim Lessing (2000)

Lessing war ein schwieriger Mensch. In seinem Leben ist ihm, entgegen dem Anschein, nichts geglückt, und erst die Nachwelt hat ihn zum Klassiker gemacht, der er Zeit seines Lebens nicht geworden ist.

Gotthold Ephraim Lessing entstammt einem protestantischen Pfarrhaus in Kamenz, wo er am 22. Januar 1729 geboren wurde – knapp dreißig Jahre nach Gottsched und zwanzig Jahre vor Goethe. [...] Mit seiner Herkunft aus einer Pfarrerfamilie steht Lessing in einer Tradition, die ihn zur Gelehrsamkeit prädestinierte. [...] Sein Leben wird bestimmt sein durch Bücher. [...]

Lessing hat das Glück, in seinem Talent früh erkannt zu werden und nach seiner Schulzeit an der Kamenzer Lateinschule 1741, im Alter von zwölf Jahren, an die renommierte Fürstenschule St. Afra in der Nähe Meißens übersiedeln zu dürfen. [...] Die Ausbildung an dieser Eliteschule ist gründlich und solide – Lessing wird sein Leben lang davon profitieren. Im Kern ist sie humanistisch angelegt. Latein und Griechisch stehen im Zentrum des Lehrplans; Deutsch kommt nur am Rande vor. [...] Das Regiment ist sehr streng, das Essen schlecht und die Lebensform insgesamt sehr ärmlich – das sind die häufigsten Klagen der Schüler. Lessing weiß über die Fürstenschule wenig Erfreuliches zu berichten [...].

Nach der Schulzeit bricht Lessing 1746 nach Leipzig auf, um dort, dem Willen des Vaters entsprechend, Theologie zu studieren, später versucht er sich kurz in Medizin und philologischen Fächern. Aber diese Studien sind wenig ertragreich, und er kehrt ihnen bald wieder den Rücken. Umso prägender war seine Begegnung mit der Theaterwelt. [...]

Im Brief an die Mutter, in dem er den Entschluss mitteilt, Leipzig zu verlassen, beschreibt er den Wandel: „Ich lernte einsehen, die Bücher würden mich wohl gelehrt, aber nimmermehr zu einem Menschen machen." Er unternimmt die ersten Versuche, sich im Literatur- und Theaterbetrieb zu etablieren.

Lessing hat die Begegnung mit der Theaterwelt ebenso wie das Studentenleben als Befreiung erfahren. Sie kommt seinem ungebärdigen Temperament entgegen, das er bereits in St. Afra nur schwer zügeln konnte. [...] Nach den Erfahrungen dieser ersten Leipziger Jahre wird er nicht wieder in ein geordnetes bürgerliches Leben zurückfinden. [...]

Nicht zuletzt auf der Flucht vor Schulden geht er 1748 erstmals nach Wittenberg. Im gleichen Jahr siedelt er nach Berlin über. Der Umzug entspringt kühler Kalkulation: Lessing sucht in der aufstrebenden Preußenstadt die literarische Karriere, die ihm in Leipzig, mit seinen vielen etablierten Geistesgrößen, schwerer gefallen wäre. Dies ist eine Schlüsselzeit in seiner Biografie: Seine Mitarbeit als Rezensent an der „Berlinischen privilegierten Zeitung" ab 1749 macht ihn bekannt [...]. Bereits 1753 beginnt eine erste, sechsteilige Sammlung von *Schriften* zu erscheinen. [...]

Lessing bleibt ein Außenseiter. Das wird daran am deutlichsten, dass er keinen Zugang zum Hofe Friedrichs II. und dem in dieser Zeit dort lebenden Voltaire findet. [...] In Berlin allerdings bildet sich ein Freundeskreis um Lessing, wie es in späteren Lebensphasen nicht wieder der Fall sein wird. [...]

Die Zeit in Berlin war in jeder Hinsicht eine einschneidende Epoche in Lessings Lebenslauf. Charakteristisch ist aber, wie er sich 1760 dem Sog entzieht, der von der Stadt, ihrem literarischen Leben und dem Freundeskreis ausgeht: Er reist ohne Abschied ab. Die Freunde sind ratlos und verblüfft, und auch Lessing selbst weiß seinen Entschluss nicht recht zu begründen. Jedenfalls begibt er sich nach Breslau in die Dienste des preußischen Generals Bogislaw Friedrich von Tauentzien. [...]

Sein Glück hat er in Breslau nicht gemacht, aber geändert haben sich seine Lebensumstände radikal. Auf der einen Seite steht die Sicherheit einer festen Anstellung als Gouvernementssekretär. Auf der anderen Seite war die Erfüllung beamtenhafter Dienstpflichten Lessings Sache nicht. [...] Der Breslauer Rektor Samuel Benjamin Klose, der zu Lessings engstem Umgang in diesen Jahren gehört, berichtet über seinen Lebenswandel: „Fast täglich ging er nach sechs gegen sieben Uhr in das Theater, und von da mehrentheils, ohne das Stück ausgehört zu haben, in die Spielgesellschaft, von wo er spät nach Hause zurückkehrte, und den andern Tag nicht vor acht oder neun Uhr aufstand. Ich habe ihn sogar noch gegen zehn Uhr im Bette gefunden."

1765 endet Lessings Dienstverhältnis in Breslau. Für zwei Jahre geht er zurück nach Berlin, 1767 wird er zum „Dramaturgen" der in Hamburg neu gegründeten „Nationalbühne" bestellt. Die Berufung zeugt von dem literarischen Ruhm, den sich der inzwischen 37-Jährige erworben hat. Seine Aufgabe bestand in der Beratung der Unternehmensgründer, in der Lieferung eigener Stücke nach Belieben und in der kontinuierlichen Besprechung der aufgeführten Stücke in einem eigenen Periodikum. [...] Lessing schreibt in diesen Jahren von 1767 bis 1769 seine *Hamburgische Dramaturgie* [...].

Während seines Hamburger Aufenthaltes erreicht Lessing die Berufung zum Bibliothekar in Wolfenbüttel. Damit beginnt die letzte Phase seines Lebens. Zunächst sieht er die Vorteile seiner neuen Existenz, die er dem Vater in leuchtenderen Farben geschildert hat, als er es selbst gesehen haben mag: „es war die höchste Zeit, dass ich durch die hiesige Versorgung, wiederum eine gewisse Einnahme erhielt. [...] Eigentliche Amtsgeschäfte habe ich dabei keine andere, als die ich mir selbst machen will. Ich darf mich rühmen, dass der Erbprinz mehr darauf gesehen, dass ich die Bibliothek, als dass die Bibliothek mich nutzen soll." Lessing klagt jedoch regelmäßig darüber, dass sein Gehalt kaum ausreiche [...]. Tatsächlich hat Lessing sein Geld wohl überwiegend verspielt. [...]

Zwei seiner wichtigsten Dramen, *Emilia Galotti* und *Nathan der Weise*, sind dort entstanden; *Emilia Galotti*, das gesellschaftskritischste Stück Lessings, wurde am Hof des Herzogs uraufgeführt. [...]

Dass er sich in Wolfenbüttel ausgesprochen unwohl gefühlt hat, steht auf einem anderen Blatt [...]: „Es ist nie mein Wille gewesen, an einem Orte, wie Wolfenbüttel, von allem Umgange, wie ich ihn brauche, entfernt, Zeit meines Lebens Bücher zu hüten." [...] Neben den beruflichen Erfahrungen stehen die persönlichen Kontakte. Lessing klagt über seine Vereinsamung im Wolfenbütteler Jahrzehnt. [...] Auf der anderen Seite entwickelt sich in der gleichen Zeit eine intensive Beziehung zu Eva König. [...] Im Oktober 1776 findet die Heirat in der Nähe Hamburgs statt [...]. Am Weihnachtstag 1777 wird dem Paar ein Sohn geboren, der einen Tag später stirbt; am 10. Januar 1778 stirbt Eva König. [...]

Lessing ist am 15. Februar 1781 in Braunschweig gestorben. Die Obduktion ergibt aus moderner Sicht keinen klaren Befund; aber es darf angenommen werden, dass Lessings Lebenswandel, geprägt durch Überarbeitung, schlechte Ernährung und ständige unausgeheilte fieberhafte Erkrankungen den frühen Tod im Alter von 52 Jahren durch eine Herzerkrankung verursacht hat.

PETER J. BRENNER: Gotthold Ephraim Lessing. Stuttgart 2000, S. 9–32.

FABELHAFTE AUFKLÄRUNG

1. Die Fabel war die literarische „Modegattung“ der Aufklärung. Auch Lessing sah in dieser Textform ein „Exempel der praktischen Sittenlehre“. Arbeiten Sie aus der Fabel „Die Esel“ wesentliche Kritikpunkte Lessings an der Gesellschaft des 18. Jahrhunderts heraus.

Gotthold Ephraim Lessing, Die Esel (1759)

Die Esel beklagten sich bei dem Zeus, dass die Menschen mit ihnen zu grausam umgingen. „Unser starker Rücken“, sagten sie, „trägt ihre Lasten, unter welchen sie und jedes schwächere Tier erliegen müssten. Und doch wollen sie uns, durch unbarmherzige Schläge, zu einer Geschwindigkeit nötigen, die uns durch die Last unmöglich gemacht würde, wenn sie uns auch die Natur nicht versagt hätte. Verbiete ihnen, Zeus, so unbillig zu sein, wenn sich die Menschen anders etwas Böses verbieten lassen. Wir wollen ihnen dienen, weil es scheint, dass du uns dazu erschaffen hast; allein geschlagen wollen wir ohne Ursache nicht sein.“

„Mein Geschöpf“, antwortete Zeus ihrem Sprecher, „die Bitte ist nicht ungerecht; aber ich sehe keine Möglichkeit, die Menschen zu überzeugen, dass eure natürliche Langsamkeit keine Faulheit sei. Und solange sie dieses nicht glauben, werdet ihr geschlagen werden. – Doch ich sinne euer Schicksal zu erleichtern. – Die Unempfindlichkeit soll von nun an euer Teil sein; eure Haut soll sich gegen die Schläge verhärten und den Arm des Treibers ermüden.“

„Zeus“, schrien die Esel, „du bist allezeit weise und gnädig!“ – Sie gingen erfreut von seinem Throne als dem Throne der allgemeinen Liebe.

Lessings ausgewählte Werke, Bd. 1. Hg. von Georg J. Göschen. Leipzig 1867, S. 157.

2. In vielen seiner Fabeln hat Lessing die damit verbundene Lehre für seine Leser in ein oder zwei Sätzen zusammengefasst. Formulieren Sie eine solche Moral auch für die Fabel „Die Esel“.

3. Entwerfen Sie, ausgehend von dieser Fabel, eine kurze Ansprache Lessings an seine Leser, in der er seine Position erläutert. Überlegen Sie hierbei zunächst, an welche Leserschaft sich die Fabel primär gerichtet haben dürfte.

DIE SONNE GEHT AUF

1. Beschreiben Sie Daniel Chodowieckis Kupferstich. Wie sieht der Künstler die Epoche der Aufklärung? Halten Sie Ihre Assoziationen stichwortartig fest.

DANIEL CHODOWIECKI, Aufklärung (1791)

2. Lesen Sie die kurze Notiz des Künstlers zu seinem Werk. Welche negativen Einflüsse behindern seiner Meinung nach das „Aufgehen der Sonne"?

Daniel Chodowiecki (1791)

Dieses höchste Werk der Vernunft [...] hat bis jetzt noch kein allgemeines verständliches allegorisches Zeichen (vielleicht weil die Sache selbst noch neu ist) als die aufgehende Sonne. Es wird auch wohl lange das schicklichste bleiben, wegen der Nebel, die immer aus Sümpfen, Rauchfässern und von Brandopfern auf Götzenaltären aufsteigen werden, die sie so leicht verdecken können. Indessen wenn die Sonne nur aufgeht, so schaden Nebel nichts.

In: ULRICH IM HOF: Das Europa der Aufklärung. München 1993, S. 11.

3. Erscheint Ihnen die gewählte Allegorie zutreffend? Begründen Sie Ihre Meinung.

WAS IST AUFKLÄRUNG? (1)

1. Arbeiten Sie Kants Text genau durch und markieren Sie die zentralen Passagen.

Immanuel Kant, Beantwortung der Frage: Was ist Aufklärung? (1784)

Aufklärung ist der Ausgang des Menschen aus seiner selbstverschuldeten Unmündigkeit. Unmündigkeit ist das Unvermögen, sich seines Verstandes ohne Leitung eines anderen zu bedienen. Selbstverschuldet ist diese Unmündigkeit, wenn die Ursache derselben nicht am Mangel des Verstandes, sondern der Entschließung und des Mutes liegt, sich seiner ohne Leitung eines anderen zu bedienen. *Sapere aude!* Habe Mut, dich deines eigenen Verstandes zu bedienen! ist also der Wahlspruch der Aufklärung.

Faulheit und Feigheit sind die Ursachen, warum ein so großer Teil der Menschen, nachdem sie die Natur längst von fremder Leitung freigesprochen (*naturaliter maiorennes*), dennoch gerne zeitlebens unmündig bleiben; und warum es anderen so leicht wird, sich zu deren Vormündern aufzuwerfen. Es ist so bequem, unmündig zu sein. Habe ich ein Buch, das für mich Verstand hat, einen Seelsorger, der für mich Gewissen hat, einen Arzt, der für mich die Diät beurteilt usw., so brauche ich mich ja nicht selbst zu bemühen. Ich habe nicht nötig zu denken, wenn ich nur bezahlen kann; andere werden das verdrießliche Geschäft schon für mich übernehmen. Dass der bei weitem größte Teil der Menschen (darunter das ganze schöne Geschlecht) den Schritt zur Mündigkeit, außer dem dass er beschwerlich ist, auch für sehr gefährlich halte, dafür sorgen schon jene Vormünder, die die Oberaufsicht über sie gütigst auf sich genommen haben. Nachdem sie ihr Hausvieh zuerst dumm gemacht haben und sorgfältig verhüteten, dass diese ruhigen Geschöpfe ja keinen Schritt außer dem Gängelwagen, darin sie sie einsperreten, wagen durften, so zeigen sie ihnen nachher die Gefahr, die ihnen drohet, wenn sie es versuchen, allein zu gehen. Nun ist diese Gefahr zwar eben so groß nicht, denn sie würden durch einigemal Fallen wohl endlich gehen lernen; allein ein Beispiel von der Art macht doch schüchtern und schreckt gemeiniglich von allen ferneren Versuchen ab.

Es ist also für jeden einzelnen Menschen schwer, sich aus der ihm beinahe zur Natur gewordenen Unmündigkeit herauszuarbeiten. Er hat sie sogar lieb gewonnen und ist vorderhand wirklich unfähig, sich seines eigenen Verstandes zu bedienen, weil man ihn niemals den Versuch davon machen ließ. Satzungen und Formeln, diese mechanischen Werkzeuge eines vernünftigen Gebrauchs oder vielmehr Missbrauchs seiner Naturgaben, sind die Fußschellen einer immerwährenden Unmündigkeit. Wer sie auch abwürfe, würde dennoch auch über den schmalsten Graben einen nur unsicheren Sprung tun, weil er zu dergleichen freier Bewegung nicht gewöhnt ist. Daher gibt es nur wenige, denen es gelungen ist, durch eigene Bearbeitung ihres Geistes sich aus der Unmündigkeit herauszuwickeln und dennoch einen sicheren Gang zu tun.

Dass aber ein Publikum sich selbst aufkläre, ist eher möglich; ja es ist, wenn man ihm nur Freiheit lässt, beinahe unausbleiblich. Denn da werden sich immer einige Selbstdenkende, sogar unter den eingesetzten Vormündern des großen Haufens finden, welche, nachdem sie das Joch der Unmündigkeit selbst abgeworfen haben, den Geist einer vernünftigen Schätzung des eigenen Werts und des Berufs jedes Menschen, selbst zu denken, um sich verbreiten werden. Besonders ist hiebei: dass das Publikum, welches zuvor von ihnen unter dieses Joch gebracht worden, sie hernach selbst zwingt, darunter zu bleiben, wenn es von einigen seiner Vormünder, die selbst aller Aufklärung unfähig sind, dazu aufgewiegelt worden; so schädlich ist es, Vorurteile zu pflanzen, weil sie sich zuletzt an denen selbst rächen, die oder deren Vorgänger ihre Urheber gewesen sind. Daher kann ein Publikum nur langsam zur Aufklärung gelangen. Durch eine Revolution wird vielleicht wohl ein Abfall von persönlichem Despotismus und gewinnsüchtiger oder herrschsüchtiger Bedrückung, aber niemals wahre Reform der Denkungsart zustande kommen; sondern neue Vorurteile werden, ebensowohl als die alten, zum Leitbande des gedankenlosen großen Haufens dienen.

Zu dieser Aufklärung aber wird nichts erfordert als Freiheit; und zwar die unschädlichste unter allem, was nur Freiheit heißen mag, nämlich die: von seiner Vernunft in allen Stücken öffentlichen Gebrauch zu machen. [...] Der öffentliche Gebrauch seiner Vernunft muss jederzeit frei sein, und der allein kann Aufklärung unter Menschen zustande bringen; der Privatgebrauch derselben aber darf öfters sehr enge eingeschränkt sein, ohne

WAS IST AUFKLÄRUNG? (2)

doch darum den Fortschritt der Aufklärung sonderlich zu hindern. Ich verstehe aber unter dem öffentlichen Gebrauche seiner eigenen Vernunft denjenigen, den jemand als Gelehrter von ihr vor dem ganzen Publikum der Leserwelt macht. Den Privatgebrauch nenne ich denjenigen, den er in einem gewissen ihm anvertrauten bürgerlichen Posten oder Amte von seiner Vernunft machen darf. [...]

Wenn denn nun gefragt wird: Leben wir jetzt in einem aufgeklärten Zeitalter?, so ist die Antwort: Nein, aber wohl in einem Zeitalter der Aufklärung. Dass die Menschen, wie die Sachen jetzt stehen, im Ganzen genommen, schon im Stande wären oder darin auch nur gesetzt werden könnten, in Religionsdingen sich ihres eigenen Verstandes ohne Leitung eines andern sicher und gut zu bedienen, daran fehlt noch sehr viel. Allein, dass jetzt ihnen doch das Feld geöffnet wird, sich dahin frei zu bearbeiten und die Hindernisse der allgemeinen Aufklärung oder des Ausganges aus ihrer selbstverschuldeten Unmündigkeit allmählich weniger werden, davon haben wir doch deutliche Anzeigen. In diesem Betracht ist dieses Zeitalter das Zeitalter der Aufklärung oder das Jahrhundert Friedrichs. [...]

Immanuel Kants sämtliche Werke in chronologischer Reihenfolge, Bd. 4. Hg. von GUSTAV HARTENSTEIN. Leipzig 1867, S. 161–166.

2. Beantworten Sie die folgenden Interviewfragen aus der Sicht Kants.

- Herr Kant, könnten Sie unseren Lesern bitte in einem Satz erklären, was Sie unter Aufklärung verstehen?
- Woran liegt es Ihrer Meinung nach, dass die Menschen unaufgeklärt sind?
- Wie sollte der Prozess der Aufklärung optimalerweise verlaufen?
- Was sollten die Herrschenden dazu beitragen?
- Manche behaupten sogar, dass die Frauen an der Aufklärung teilhaben sollten. Was meinen Sie dazu?
- Abschließend würde ich Sie um eine Prognose bitten: Werden die Menschen in 200 Jahren „aufgeklärt" sein?

2. HANDLUNG UND FIGUREN

EINFÜHRUNG

Eine anmutige junge Frau, ein fundamentalistischer Vater, eine machtlose Mutter, ein hedonistischer Fürst, eine verlassene Geliebte und ein opportunistischer Berater – das sind die Hauptzutaten für eines der meist gelesenen Dramen in deutscher Sprache.

Lessing entwarf mit „Emilia Galotti" – in freier Übertragung des römischen Virginia-Stoffes – ein Trauerspiel, das zum einen die gesellschaftlichen und politischen Problemlagen des ausgehenden 18. Jahrhunderts spiegelt (u. a. die „Entdeckung" der Vernunft, die Opposition zwischen bürgerlicher und höfischer Welt, die Diskussion um die Familie und ihre Organisationsstruktur) und zum anderen ein Panorama widersprüchlicher Figuren und komplexer Konfliktsituationen zeigt, welches die „Emilia" noch heute zu einem aktuellen Stoff macht.

Lernziele

- Die Schüler werden in zentralen Aspekten der Dramenanalyse geschult und erarbeiten Grundstrukturen der dramatischen Konzeption.
- Die Schüler setzen sich kritisch mit dem Text und seinem Personal auseinander und reflektieren unterschiedliche literaturwissenschaftliche Deutungen. Dabei beziehen sie gesellschaftliche und kulturelle Zusammenhänge des ausgehenden 18. Jahrhunderts mit ein.
- Die Schüler übertragen ausgewählte Themen und Probleme auf die eigene Lebenswelt und diskutieren diese unter Berücksichtigung moderner Bewertungsmaßstäbe.

■ Zur Kopiervorlage Seite 26: DER HANDLUNGSVERLAUF

Die grafische Zusammenfassung bietet den Schülern einen Überblick über die Handlung des Trauerspiels. Gleichzeitig kann anhand der Vorlage der pyramidale Aufbau des klassischen Dramas nach Gustav Freytag wiederholt werden. Alternativ können die Schüler ein solches Schema auch selbst erstellen. Die Kopiervorlage kann dann in Form einer Folienkopie oder auf dem Whiteboard als Lösungsmöglichkeit präsentiert werden.

■ Zu den Kopiervorlagen Seiten 27 / 28: DIE HAUPTFIGUREN DES STÜCKES

Diese Kopiervorlagen dienen der Hinführung zur Lektüre und können auch als Überprüfung der Leseleistung genutzt werden. Zunächst ordnen die Schüler ein Szenenfoto aus der Inszenierung von Thomas Langhoff aus dem Jahr 1984 in den Kontext ein. Anschließend erarbeiten sie sich anhand ausgewählter Zitate einen ersten grundlegenden Überblick über das dramatische Personal, welcher die Basis für die vertiefende Untersuchung in den folgenden Stunden darstellt. Zugleich wird über die Kurzcharakterisierung ein einführender Diskussionsanlass geschaffen. Die meist recht unterschiedlichen Attribuierungen der Schüler fördern die Widersprüchlichkeit der Figuren sowie die Diskrepanzen in der Figurenrezeption zutage. Insbesondere die Gewichtung der einzelnen Attribute sorgt zumeist für Kontroversen, womit ein fruchtbarer Ausgangspunkt für die weitere Beschäftigung geschaffen wird. Alternativ können die Schüler den jeweiligen Figuren ein aus ihrer Sicht passendes Tier zuordnen. Diese Aufgabe ist durchaus anspruchsvoll, da die Schüler die Eigenschaften der Figuren pointieren und übertragen müssen.

Mögliche Einstiege

- Kontrastierend werden die Personenverzeichnisse aus „Emilia Galotti" und aus einem Werk von Shakespeare („Romeo und Julia" oder „Macbeth") auf einer Folie oder auf dem Whiteboard präsentiert. Zwei wichtige Beobachtungen zum Personal lassen sich hieraus gewinnen: Die Zahl der Figuren bei Lessing ist signifikant reduziert und die Rolle des Bürgertums hat eine Aufwertung erfahren.
- Das „Emilia-Casting": An die Tafel oder ans Whiteboard werden die Namen der wichtigsten Figuren des Trauerspiels notiert und daneben – in ungeordneter Form – Bilder von verschiedenen Prominenten gehängt (z. B. Angelina Jolie, Britney Spears, Heidi Klum, Angela Merkel, Madonna, Mutter Teresa, Paris Hilton, Thomas Gottschalk, Bruce Willis, Brad Pitt, Til Schweiger, Jack Nicholson, Mario Adorf, Klaus Kinski, Harald Schmidt, Donald Trump). Ein Schüler erhält die Aufgabe, diese Personen des öffentlichen Lebens jeweils einer Figur des Stückes zuzuordnen. Wichtig ist hierbei: Die Zahl der Prominenten sollte die Zahl der Figuren übersteigen, damit eine wirkliche Auswahlmöglichkeit besteht.
- Bilder von unterschiedlichen Besetzungen einer Hauptfigur werden einander gegenübergestellt. So können die „Emilias" der Inszenierung des Deutschen Theaters Berlin von 2001 (Regine Zimmermann, siehe Szenenfoto auf KV „Schlachtopfer oder Märtyrerin?", Seite 61) und der Inszenierung des Wiener Burgtheaters von 2003 (Johanna Wokalek, siehe z. B. DVD-Cover und Trailer auf Youtube) vergleichend besprochen werden.

Lösung Seite 27

Aufgabe 1

Szene V, 8 (Odoardo verweist auf den „Richter unser aller"); Personen: im Vordergrund liegend Sunnyi Melles als Emilia Galotti, links auf dem Sofa sitzend Michael König als Hettore Gonzaga, in der Mitte stehend Rolf Boysen als Odoardo Galotti, rechts stehend Edgar Selge als Marinelli

Aufgabe 2
1. Prinz Hettore (I, 1; S. 6), 2. Claudia (II, 6; S. 27 / 28), 3. Odoardo (V, 4; S. 77), 4. Emilia (II, 7; S. 33), 5. Marinelli (III, 1; S. 40), 6. Prinz Hettore (I, 6; S. 14), 7. Claudia (II, 4; S. 25), 8. Prinz Hettore (I, 6; S. 16), 9. Marinelli (I, 6; S. 16), 10. Odoardo (II, 4; S. 26), 11. Marinelli (I, 6; S. 18), 12. Emilia (II, 6; S. 28), 13. Prinz Hettore (IV, 1; S. 56), 14. Marinelli (III, 6; S. 50), 15. Odoardo (V, 2; S. 75), 16. Prinz Hettore (III, 1; S. 42), 17. Claudia (III, 8; S. 53), 18. Gräfin Orsina (IV, 3; S. 62), 19. Gräfin Orsina (IV, 7; S. 69), 20. Emilia (V, 7; S. 85)

Zur Kopiervorlage Seite 29: DIE FIGURENKONSTELLATION

Ein wichtiger Aspekt der Dramenanalyse ist die schematische Darstellung der Beziehungen der Figuren untereinander. Für die Interpretation der „Emilia Galotti" können sich aus dem Versuch der „Ordnung" des Personals zentrale Fragestellungen und Erkenntnisse ergeben, liegt doch die Qualität des lessingschen Trauerspiels gerade in der Zeichnung komplexer Figuren- und Standesprofile.

Mit der auf der Kopiervorlage vorgegebenen Einteilung in „Adel" und „Bürgertum" wird die Diskussion bereits in eine bestimmte Richtung gelenkt. Alternativ können die Schüler auch dazu aufgefordert werden, eigene Grundoppositionen zu entwickeln, die sich ebenso kontrovers diskutieren lassen (z. B. „moralische" vs. „amoralische Lebensweise", „höfische" vs. „antihöfische" Lebensführung / Einstellung). Innerhalb des vorgegebenen Rahmens können die Schüler weitere Kriterien der Anordnung entwickeln (z. B. Nähe / Distanz der Figuren zueinander, gesellschaftliche Hierarchie). Die dritte Aufgabe regt zur Reflexion der Opposition „Adel" vs. „Bürgertum" an und kann gleichzeitig zur Beschäftigung mit den Ständen (siehe KV Seite 30 / 31) überleiten.

Lösung

Aufgaben 1 und 2

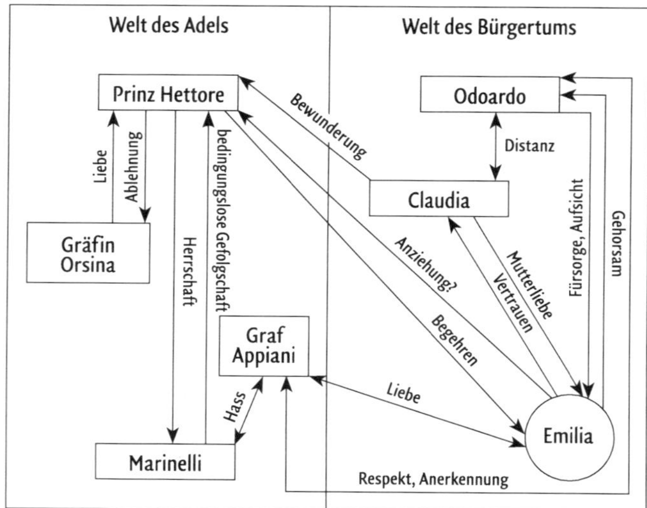

Aufgabe 3
Die Nähe des Grafen Appiani zum „Bürgertum" lässt sich damit begründen, dass dieser ein Leben fern des Hofes anstrebt. Weitere Figuren, bei denen sich eine vergleichbare Diskrepanz zwischen Herkunft und „Geisteshaltung" nachweisen lässt, sind Claudia Galotti und die Gräfin Orsina. Gleichzeitig sollte man diese Zuordnung jedoch kritisch betrachten, zeugt sie doch von dem Versuch, eine klare Opposition zwischen „amoralischem" Adel und „moralischem" Bürgertum aufzubauen, die Lessings Trauerspiel nicht gerecht wird.

So wird in der Literaturwissenschaft seit den 1970er Jahren kontrovers diskutiert, inwieweit sich die in „Emilia Galotti" dargestellten Lebensformen, Wertesysteme und Verhaltensweisen überhaupt den beiden Ständen Bürgertum und Adel zuordnen lassen, sogar infrage gestellt, ob es sich bei der Familie Galotti überhaupt um Vertreter des Bürgertums handelt. Vielmehr wird auf eine Vielzahl alternativer Oppositionen verwiesen, die der Vielschichtigkeit der Figuren eher gerecht wird: Hofdienst vs. adlige Unabhängigkeit, Stadtleben vs. Landleben, Verfallenheit an die „sündhafte" Welt vs. christliche Weltüberwindung, Macht vs. Rückzug, despotische Herrscher vs. unterdrückte Beherrschte (siehe Jürgen Kreft: „‚Emilia Galotti': Stand – Moral – Tragik. Überfällige Prüfungen". In: Jürgen Kreft (Hg.): Theorie und Praxis der intentionalistischen Interpretation. Frankfurt 2006, S. 147 – 249).

Zur Kopiervorlage Seite 30: NATÜRLICHE UND AFFEKTIERTE HANDLUNGEN DES LEBENS

Diese Kopiervorlage baut auf den Überlegungen zur Standeszugehörigkeit der Figuren auf (siehe KV Seite 29), kann aber gleichfalls separat eingesetzt werden. Die Schüler sollen hier zu einer vertieften Auseinandersetzung mit den beiden Ständen Adel und Bürgertum geführt werden. Ausgangspunkt sind zwei Kupferstiche Daniel Chodowieckis, eines bürgerlichen Zeitgenossen Lessings. In seiner Reihe „Natürliche und affektierte Handlungen des Lebens" stilisiert dieser die Lebensformen des Bürgertums zum Vorbild, indem er sie gegen die des Adels abgrenzt. Die vergleichende Beschreibung der beiden Personenpaare soll in ein kurzes Standesprofil münden, das in einem weiteren Schritt mit der Figurenzeichnung in Lessings Trauerspiel abgeglichen wird.

Mögliche Einstiege

- Als Stundeneinstieg bietet sich ein Brainstorming zu den Begriffen „Adel" und „Bürgertum" an. Ausgehend von diesem Assoziationsfeld erfolgt dann die Beschäftigung mit den Ständen.
- Alternativ kann den Schülern das Gemälde „Die Neuberin im Gespräch mit Lessing" präsentiert werden. Eine Vorlage finden Sie z. B. unter *https://www.planet-wissen.de/kultur/theater/deutsches_theater_achzehntes_und_neunzehntesjahrhundert/*

pwiedeutschebuehnenstars100.html. Die Schüler sollen entscheiden, ob es sich um eine Szene aus adligem oder bürgerlichem Umfeld handelt. Sie legen sich bei diesem Einstieg meist mehrheitlich auf ein adliges Umfeld fest und erklären dies mit dem äußeren Erscheinungsbild der Figuren und des Raumes. Die Auflösung – die Szene präsentiert den bürgerlichen Lessing und die bürgerliche Schauspielerin Friederike Caroline Weißenborn, genannt die „Neuberin" – eröffnet daraufhin die Auseinandersetzung mit der Kopiervorlage.

Lösung

Aufgabe 1

Frisur, Kleidung der beiden Frauen: einfache Hochsteckfrisur (Abb. 1) vs. hochgetürmte Perücke (Abb. 2), schlichtes, züchtiges Kleid (Abb. 1) vs. ausufernder Rock, geschnürte Taille, übermäßige Verzierungen, freierer Ausschnitt (Abb. 2); Haltung der Personen: natürliche Haltung, Zugewandtheit der Personen (Abb. 1) vs. übertriebene Gesten, Einnehmen von Posen, Selbstinszenierung der Personen (Abb. 2); Umgebung: freie Natur mit wild wachsenden Pflanzen (Abb. 1) vs. von Menschen angelegte Allee mit beschnittenen und in gerader Reihe angeordneten Bäumen (Abb. 2)

Aufgabe 2

Adel: Verhaltenskodex folgt „künstlichen" (= vom Menschen geschaffenen) Regeln, Kontakte / Beziehungen als Mittel zur Selbstdarstellung und Profilierung → Ausschweifung / Hedonismus als Lebensprinzipien

Bürgertum: Verhaltenskodex folgt „natürlichen" (= gottgegebenen) Regeln, wirkliche Kontakte / Beziehungen → Zweisamkeit, Verbundenheit, Bescheidenheit / Sittsamkeit als Lebensprinzipien

Aufgabe 3

Während Prinz Hettore und Odoardo Galotti das Standesmuster auf den ersten Blick weitgehend bestätigen, lassen sich Figuren wie der Graf Appiani und Claudia Galotti als Beispiele für die Widerlegung einer starren Schematik heranziehen.

Weiterführende Anregung

In Standbildern stellen die Schüler die vorgegebenen Posen nach. Dabei können auch weitere Kupferstiche aus der Reihe „Natürliche und affektierte Handlungen des Lebens" (z. B. „Der Gruß", „Der Spaziergang", „Der Tanz") berücksichtigt werden. Die Schüler beschreiben ihre Gedanken und Gefühle beim Einnehmen der Haltungen. Wenn mehr Zeit zur Verfügung steht, können auch Szenen entwickelt werden, in denen die unterschiedlichen Anlässe von kurzen Dialogen begleitet werden. Diese Übungen dienen primär der Einfühlung in die Rollen des Stückes, können aber auch zur Vorbereitung auf die Darstellung von Figurenkonstellationen in Standbildern bzw. für szenisches Interpretieren geeigneter Szenen – z. B. das Aufeinandertreffen von Marinelli und Appiani (II, 10) – genutzt werden.

i

Vorschläge für das szenische Interpretieren

Das szenische Interpretieren kann als Teil einer handlungs- und produktionsorientierten Literaturdidaktik verstanden werden. Dabei soll das „In-Szene-Setzen" den analytisch-kognitiven Zugang zu Texten nicht ersetzen, sondern ergänzen und vertiefen.
Folgende Übungen können im Rahmen einer längeren Sequenz oder auch als Einzelbausteine eingesetzt werden. Wichtig sind in jedem Fall eine sorgsame Hinführung der Schüler zum szenischen Vorgehen („Aufwärmen") sowie eine anschließende Reflexion der Übungen.

1. Emotionales Feld

Ziel: erstes Sich-Einfühlen in eine literarische Figur
Ablauf: Die Schüler wählen sich jeweils eine Figur aus dem Drama, mit der sie sich identifizieren können. Es geht nun darum, das emotionale Zentrum dieser Figur zu bestimmen. Dazu werden im Raum verschiedene Karten mit Gefühlen („Neugier / Interesse", „Freude / Glück", „Bewunderung", „Trauer / Depression", „Verachtung") ausgelegt. Die Schüler entscheiden, welches Gefühl ihrer Figur am nächsten kommt, und positionieren sich bei der entsprechenden Karte. In der Mitte wird eine leere Karte platziert, bei der sich die Schüler aufstellen, für die keine der Gefühlskarten passt.

2. Rollenbiografie

Ziel: vertiefendes Erschließen einer Figur (Partnerarbeit)
Ablauf: Die Schüler wählen sich einen Partner. Sie beantworten Fragen ihres Mitschülers zu der von ihnen gewählten Figur. Es hat sich bewährt, den Schülern vorab folgende Fragen an die Hand zu geben:

1. Wie alt bist du?
2. Aus welchem sozialen Umfeld stammst du?
3. Was bedeutet dir deine Herkunft?
4. Wie siehst du aus? Wie kleidest du dich?
5. Welche Probleme, Ängste hast du?
6. Welche Hoffnungen hast du?
7. Welche Träume hast du?
8. Was bedeuten dir andere Menschen?
9. Wen schätzt du und weshalb?
10. Vor wem fürchtest du dich und weshalb?
11. Wie möchtest du von anderen Menschen behandelt werden?
12. Was bedeutet dir Religion?
13. Welches Thema beschäftigt dich am meisten?
14. Was macht dich wütend?
15. Wie ist deine Beziehung zu ... im Augenblick?

3. Figurengasse

Ziel: vertiefendes Erschließen einer Figur (Gruppenarbeit)
Ablauf: Die Schüler stellen sich in zwei einander zugewandten Reihen auf, wobei jeder Schüler einem anderen Schüler gegenübersteht. Dazwischen verbleibt eine schmale Gasse, durch die ein Schüler in der Rolle der von ihm gewählten Figur geht. Bei jedem Paar verweilt er kurz und hört sich an, was die Beobachter seiner Figur zu sagen haben.

Wichtig: Der Schüler darf nicht antworten und sollte die Beobachter nicht ansehen.

4. Hot Chair
Ziel: vertiefendes Erschließen einer Figur (Gruppenarbeit)
Ablauf: Ein Schüler setzt sich in der Rolle einer bestimmten Figur auf einen frei stehenden Stuhl, um den sich eine kleinere Gruppe von etwa zehn Schülern in einem Kreis aufstellt. Diese haben die Aufgabe, die Figur das zu fragen, was sie von ihr erfahren möchten. Idealerweise zielen die Fragen in das „Problemzentrum" der betreffenden Figur.

5. Standbild
Ziel: vertiefendes Erschließen zentraler Szenen (Gruppenarbeit)
Ablauf: Die Schüler werden in Kleingruppen von drei bis fünf Personen eingeteilt und erhalten die Aufgabe, zentrale Szenen des Dramas in einem Standbild darzustellen. Ein Schüler fungiert dabei als Bildhauer, der die Skulptur „perfektioniert". Die Standbilder werden in der Klasse präsentiert. Die Betrachter des Standbildes können in den Modellierungsprozess einbezogen werden, indem sie entweder selbst zum Bildhauer werden oder Bearbeitungshinweise geben, die der Bildhauer der betreffenden Gruppe dann umsetzt.

6. Erstellen eines eigenen Trailers
Ziel: Sicherung der Ergebnisse (Produktorientierung)
Ablauf: Mithilfe weitgehend selbsterklärender Programme wie dem Windows Movie Maker von Microsoft erzeugen die Schüler einen eigenen Trailer von drei bis fünf Minuten Länge. Hierzu können sie ihre Standbilder sowie weitere Bilddateien zu einem kleinen Drehbuch zusammenstellen und mit einem passenden Lied unterlegen.
Ferner kann an dieser Stelle interdisziplinär gearbeitet werden, indem die Schüler ihre Musik im Musikunterricht selbst einspielen. Dieses Vorgehen wird von den Schülern in der Regel sehr gut aufgenommen und bietet die Möglichkeit, die Ergebnisse der szenischen Interpretation dauerhaft zu sichern.
Weiterführend können die so erstellten Schülertrailer über Internetportale wie Youtube einer breiteren Öffentlichkeit zugänglich gemacht werden. Dies sollte natürlich nur nach Absprache mit den Schülern und den Eltern erfolgen.

Zur Kopiervorlage Seite 31: KNIGGES EMPFEHLUNG

Knigges Leitfaden für das bürgerliche Verhalten entspricht in weiten Teilen der Haltung Odoardos und kann als Folie für dessen Kritik an Claudia dienen (siehe II, 4).

Daran schließt sich die anspruchsvolle Frage an, wie Lessing selbst die Handlungsrichtlinien des zum berüchtigten „Benimmratgeber" avancierten Freiherrn bewertet hätte. Dazu müssen die Schüler die Lektüre sehr genau analysieren und folgendes Problem erkennen: Die Entwicklung des Dramas legt nahe, dass weder der Tugendrigorismus Odoardos, der von Knigge eingefordert wird, noch Claudias Schielen auf Teilhabe am höfischen Leben als Maxime gelten dürfen. Alternativ bietet sich statt der auf der Kopiervorlage angegebenen dritten Aufgabenstellung auch ein kreativer Schreibauftrag an: Stellen Sie sich vor, Knigge hätte den Leitfaden einige Jahre früher veröffentlicht und Lessing hätte davon Kenntnis erhalten. Schreiben Sie einen kurzen Antwortbrief Lessings an Knigge.

Möglicher Einstieg
Als Einstieg kann eine „Benimmszene" dienen. Hierzu finden sich zahlreiche Anregungen auch im Internet. Als Beispiel sei genannt: eine Illustration A. Paul Webers zu Knigges Hauptwerk unter *https://www.weber-museum.de/werk/illustrationen.html.*

Lösung
Aufgabe 1

Grundannahme:
falsche Erziehung und gesellschaftliche Privilegien des Adels
→ soziales Defizit (Verzärtelung, Narzissmus, fehlendes Mitleid, Benutzen von anderen für die eigenen Zwecke, Unaufrichtigkeit)

Leitsätze für das Bürgertum:
1. Wahre Distanz zum Adel!
2. Bewahre dir ein gesundes Misstrauen!
3. Bleibe deinen Grundsätzen und Werten treu!
4. Verleugne deine Herkunft nicht! / Gib nicht vor, etwas Besseres zu sein!
5. Sei stets aufrichtig, dabei aber höflich!

Aufgabe 2
Odoardo verkörpert geradezu die Leitsätze Knigges: Er hält sich vom höfischen Leben fern und achtet auch seinen zukünftigen Schwiegersohn vor allem dafür, dass er zurückgezogen in „seinen väterlichen Tälern" (II, 4) lebt. Bei der Konfrontation mit dem Prinzen (V, 5) verhält er sich zunächst, wie es Knigge verlangt: Bestimmt, aber höflich vertritt er seine eigene Position. Claudia nimmt im Gespräch mit Odoardo (II, 4) zunächst eine Gegenposition ein: Es wird deutlich, dass sie das hofnahe Stadtleben schätzt und sich durch die Gunst, die der Prinz ihrer Tochter hat zuteil werden lassen, geschmeichelt fühlt („mit seiner Gegenwart beehrte", „Er bezeigte sich gegen sie so gnädig."). In der direkten Begegnung zunächst mit Marinelli (III, 8), dann mit dem Prinzen (IV, 1) überwiegen jedoch die mütterliche Sorge und die Wut über die Intrige, die sich ihr erschließt. Hier lässt sie sich von der höfischen Welt nicht blenden, auch wenn Marinelli das Nachlassen ihrer Wut dahingehend deutet („Das weiß ich ja

wohl, dass keine Mutter einem Prinzen die Augen auskratzt, weil er ihre Tochter schön findet.", S. 54, Z. 13–15). Diese Aussage relativiert der Prinz jedoch sogleich („Sie sind ein schlechter Beobachter! – Die Tochter stürzte der Mutter ohnmächtig in die Arme. Darüber vergaß die Mutter ihre Wut: nicht über mir.", S. 54, Z. 16–18) Emilias Verhalten entspricht vordergründig den Vorgaben Knigges: Sie weiß, dass sie sich vom Prinzen fernhalten muss, um ihre Tugend zu bewahren. Doch wird bereits bei ihrem ersten Auftritt (II, 6) deutlich, dass ihr Hettores Schmeicheleien dennoch nicht völlig gleichgültig sind. Diese Unentschlossenheit Emilias zeigt sich auch in der Szene III, 5 und mündet schließlich in der Bitte, dass Odoardo sie erdolchen möge („Ich stehe für nichts.", V, 7).

Aufgabe 3
Lessing dürfte Knigges Ausführungen nur eingeschränkt zugestimmt haben. Weder Odoardo noch Claudia können in ihrem Verhalten als vorbildhaft bezeichnet werden. Zu bedenken ist ferner, dass Lessing mit seinem Stück weniger für einen Rückzug des Bürgertums in eine tugendhafte Parallelwelt – frei nach Knigge und Odoardo – wirbt, sondern vielmehr deren Problematik aufdecken will.

■ Zu den Kopiervorlagen Seiten 32/33: DER PRINZ – EINE FÜHRUNGSPERSÖNLICHKEIT? ODOARDO GALOTTI – EIN GUTER VATER?

Mit diesen Kopiervorlagen setzt die gezielte Arbeit an einzelnen Figuren ein. Anhand vorgegebener Kriterien sollen die Schüler bewerten, inwieweit Prinz Hettore – als Oberhaupt eines kleinen Staates – und Odoardo Galotti – als Familienoberhaupt – den an sie gestellten Anforderungen gerecht werden. Alternativ können die Schüler die Bewertungskriterien auch selbst aufstellen: Was macht eine gute Führungskraft bzw. einen guten Vater aus?

Beide Kopiervorlagen gehören eng zusammen und können arbeitsteilig von den Schülern erschlossen und gegebenenfalls präsentiert werden.

Lösung Seite 32
Folgende Punkte können in den Gutachten über Prinz Hettore zur Sprache kommen: Das Tagesgeschäft wird als Last betrachtet (I, 1), Entscheidungen werden aus emotionalen Beweggründen heraus gefällt (z. B. Befürworten des Anliegens der Bittstellerin Emilia, I, 1) bzw. auf Untergebene („Freibrief" für Marinelli) abgewälzt → Abhängigkeit von Marinelli (I, 7) = Gefährdung der eigenen Position?, persönliche Interessen (Befriedigung des Verlangens nach Emilia) stehen im Vordergrund, dabei wird das Gesamtwohl (z. B. der Familie Galotti) aus den Augen verloren, Konsequenzen werden nicht berücksichtigt, Fähigkeit zur Selbstreflexion und Erkenntnis der Mitschuld am Tod Emilias fehlen (V, 8). Somit treffen wesentliche Merkmale einer Führungspersönlichkeit nicht auf Prinz Hettore zu: Vor allem hinsichtlich der Punkte 2 bis 7 sowie des letzten Punktes müssen Zweifel angemeldet werden. Das Gesamturteil sollte dementsprechend negativ ausfallen.

Lösung Seite 33
Aufgabe 1
Die individuellen Ergebnisse können in der Klasse ausgewertet und mit dem Ergebnis der Online-Umfrage 2009 verglichen werden. Hier kam es zu einem sehr klaren Ergebnis: Von den 780 Teilnehmern erklärten 48 % die Eigenschaft „Zuverlässigkeit" zu der wichtigsten, 15 % „Zärtlichkeit", jeweils 8 % „Humor" und „Modernität". Die anderen Eigenschaften wurden von jeweils weniger als 5 % der Teilnehmer angeführt. „Strenge" stellte mit 1 % das Schlusslicht dar.

Aufgaben 2 und 3
Aus Odoardos Sicht dürften „Zuverlässigkeit", „Strenge" und „Durchsetzungsvermögen" zentrale Kriterien für einen guten Vater darstellen. „Nachsicht", „Humor", „Zärtlichkeit" und „Modernität" hingegen spielen wahrscheinlich eher eine untergeordnete Rolle bzw. werden als negativ empfunden. Die Frage, ob Odoardo als „guter Vater" gelten kann, bricht sich an der (fehlenden) Empathiefähigkeit des Galotti-Oberhauptes. Den Ansprüchen an einen „modernen" Vater wird er somit kaum gerecht.

Weiterführende Anregungen
- Als Weiterführung des psychologischen Gutachtens können die Schüler ihre Ergebnisse in einem kurzen persönlichen Rat an die jeweilige Figur zusammenfassen („Sehr geehrter Prinz Hettore / Odoardo Galotti, ...").
- Eine sinnvolle vertiefende Erarbeitung der Figur Odoardo ist die Diskussion des Tugendbegriffs. Ausgehend von der Äußerung Claudias „Welch ein Mann! – O, der rauen Tugend!" (II, 5) sollen die Schüler den Begriff kurz definieren – z. B. in Form eines Lexikoneintrags. Anschließend soll diese Definition mithilfe von Textbelegen auf Odoardo angewendet werden.
- Am Beispiel des „guten Vaters" lässt sich der Aspekt des Wertewandels erörtern. Inwieweit lassen sich die heute maßgeblichen Kriterien auf die Entstehungszeit des Stückes übertragen? Interessant ist in diesem Zusammenhang vor allen Dingen, wie Lessing Odoardos Vaterrolle im Drama bewertet: Ist diese Figur ein Symbol für das Scheitern eines strengen Vaters oder steht sie für den Sieg der Tugend über die Verführung?

Zur Kopiervorlage Seite 34: ZWEI FRAUENZIMMER

Im Zentrum dieser Kopiervorlage stehen die weiblichen Nebenfiguren des Dramas, die Gräfin Orsina und Claudia Galotti. Ziel ist es, herauszuarbeiten, welche Rolle diese für die Entwicklung der Handlung spielen.

Der Einstieg erfolgt über zwei Frauenporträts des 15. bzw. 16. Jahrhunderts. Die Schüler ordnen diese den beiden Figuren zu bzw. begründen, warum sie ihrer Meinung nach nicht passen. Falls Sie eine größere Auswahl bieten möchten, können die auf der Kopiervorlage abgebildeten Gemälde noch um weitere ergänzt werden. Wichtig ist, dass diese unterscheidbar, aber nicht zu eindeutig sind und Interpretationsspielraum lassen.

Nach dieser ersten Auseinandersetzung untersuchen die Schüler die Figuren und deren Motivationen genauer, um Gemeinsamkeiten und Unterschiede zu ermitteln.

Abschließend werden die Gräfin und Claudia einer doppelten Bewertung unterzogen: Im Hinblick auf die Rolle der Frauen im Drama lässt sich beobachten, dass beide Frauen die Handlung stärker beeinflussen als von den männlichen Figuren vermutet. Dabei stellt sich allerdings die Frage nach der Qualität dieser Einflussnahme: Sind es nicht gerade auch die fehlende Offenheit Claudias und die Aufwiegelung Odoardos durch Orsina, welche die Katastrophe bewirken? Oder hätte Claudia die Katastrophe verhindert, wäre sie von Odoardo nicht nach Hause geschickt worden?

Die Kernfrage lautet also: Welche „Botschaft" verbindet Lessing mit der Darstellung der Frauen?

Lösung

Aufgabe 1

Die unterschiedliche Blickrichtung (zum Betrachter, zur Seite) vermittelt einen unterschiedlichen Grad der Selbstständigkeit der dargestellten Frauen. Auch der Grad der Freizügigkeit der Kleidung variiert und vermittelt einen unterschiedlichen Eindruck der Sittlichkeit der abgebildeten Frauen.

Aufgabe 2

	Orsina	Claudia
Wünsche/ Motive	1. dauerhafte Beziehung zum Prinzen 2. Rache am Prinzen	1. Verbleiben in der Stadt und damit in der Nähe des höfischen Lebens 2. Rettung der Tochter aus adligem Lustschloss
„Fehler"	1. Glaube an Liebesfähigkeit des Prinzen 2. Aushändigung des Dolches an Odoardo	1. (romantische) Fehleinschätzung des höfischen Lebens 2. Unterordnung unter Odoardo (Abreise aus Dosalo)
Wahrnehmung durch die männlichen Hauptfiguren	Prinz: austauschbares Liebesobjekt Odoardo: „Dame von großem Verstande"	Odoardo: „törichte Frau" Prinz: liebende Mutter
Gemeinsamkeiten	Beide schätzen den Prinzen falsch ein, beide werden von den sie umgebenden Männern unterschätzt.	

Aufgabe 3

Die weiblichen Nebenfiguren tragen durch ihr Verhalten wesentlich zur Entwicklung der Handlung und zum tragischen Ausgang bei.

Weiterführende Anregungen

- Die Schüler informieren sich über die Rolle der Frau im ausgehenden 18. Jahrhundert: Welchen Beschäftigungen gingen Frauen nach? Welche Beziehungen führten sie? Wie standen sie zu ihrem Partner? Welches Lebensmodell war ihnen von der Gesellschaft zugedacht? Hier sollte auf jeden Fall zwischen Adel und Bürgertum unterschieden werden. Die Informationen können arbeitsteilig zusammengetragen und in Form von Referaten präsentiert werden. Dieses Wissen wird auf die Figuren des Dramas übertragen. Wie sieht Lessing die Rolle der Frau? Warum scheitern seine beiden weiblichen Nebenfiguren?
- Unter Berücksichtigung der Radierung von Daniel Chodowiecki „Heirat durch Zuneigung" (1788), die das Ideal einer bürgerlichen Liebesheirat darstellt, werden die Beziehungen der Figuren im Trauerspiel untersucht. Welche entspricht dem dargestellten Bild am ehesten? (Die Beziehung zwischen Claudia und Odoardo zeichnet sich durch räumliche und persönliche Distanz aus, die Gräfin Orsina als abservierte Mätresse des Prinzen strebt dieses Ideal vielleicht an, erreicht es aber nicht. Der Prinz steht davor, eine politische Zweckehe mit der Prinzessin von Massa einzugehen. Die Beziehung, die dem Ideal am nächsten kommt, jedoch durch die Intrige Marinellis zerstört wird, ist die des Grafen Appiani zu Emilia. Lessing steht also dem dargestellten Ideal kritisch gegenüber: Aufrichtige, gleichberechtigte Liebe findet sich nicht im adligen Milieu – und wohl auch nur eingeschränkt im bürgerlichen Hause Galotti.)

Zur Kopiervorlage Seite 35: MARINELLI – VERFÜHRER ODER VERFÜHRTER?

Eine der meistbesprochenen Figuren des Dramas ist der Kammerherr Marinelli, dessen Schuld an der tragischen Entwicklung nicht in Abrede gestellt werden kann. Obwohl Marinelli also als eine primär negative Figur gewertet werden muss, bietet doch auch der Berater des Prinzen Raum für weitere Interpretationen.

Ziel dieser Kopiervorlage ist es, das Deutungsfeld zur Figur Marinelli auszuloten und die Schüler zu einer vertieften Auseinandersetzung mit derselben anzuleiten. Ist Marinelli das personifizierte, verachtungswürdige Böse oder verdient er, der für seinen Herrn maximalen Einsatz zeigt und dessen Wünsche unbedingt zu erfüllen versucht, von jenem aber letztlich „geopfert" wird, nicht auch ein gewisses Maß an Mitleid?

Alternativ zu der auf der Kopiervorlage vorgegebenen Vorgehensweise können die zu bewertenden Aussagen auf Plakaten an verschiedenen Stellen des Klassenzimmers aufgehängt werden. Die Schüler bekommen dann den Auftrag, sich bei der ihrer Meinung nach treffendsten Äußerung zu platzieren und ihre Position zu erklären.

Mögliche Einstiege

- Die Schüler werden mit einer User-Meinung aus einem Internetforum konfrontiert und zur Stellungnahme aufgefordert: „Die Figur des Marchese ist eindimensional und löst trotzdem so viele Gefühle wie keine andere in einem aus. Macht dies Marinelli zum heimlichen Star? Ja! Er ist zugleich die abstoßendste und doch anziehendste Person."
- Gemeinsam wird Lessings Fabel „Der Rabe und der Fuchs" (siehe Kasten) gelesen. Im Anschluss übertragen die Schüler diese auf das Drama. Dabei sollten vor allem die Parallelen zwischen dem Fuchs und der Figur Marinelli herausgearbeitet werden.

Ein Rabe trug ein Stück vergiftetes Fleisch, das der erzürnte Gärtner für die Katzen seines Nachbarn hingeworfen hatte, in seinen Klauen fort. Und eben wollte er es auf einer alten Eiche verzehren, als sich ein Fuchs herbeischlich und ihm zurief: „Sei mir gesegnet, Vogel des Jupiter!" – „Für wen siehst du mich an?", fragte der Rabe. „Für wen ich dich ansehe?", erwiderte der Fuchs. „Bist du nicht der rüstige Adler, der täglich von der Rechten des Zeus auf diese Eiche herabkommt, mich Armen zu speisen? Warum verstellst du dich? Sehe ich denn nicht in der siegreichen Klaue die erflehte Gabe, die mir dein Gott durch dich zu schicken noch fortfährt?" Der Rabe erstaunte und freute sich innig, für einen Adler gehalten zu werden. „Ich muss", dachte er, „den Fuchs aus diesem Irrtum nicht bringen." – Großmütig dumm ließ er ihm also seinen Raub herabfallen und flog stolz davon. Der Fuchs fing das Fleisch lachend auf und fraß es mit boshafter Freude. Doch bald verkehrte sich die Freude in ein schmerzhaftes Gefühl: Das Gift fing an zu wirken, und er verreckte. Möchtet ihr euch nie etwas anderes als Gift erloben, verdammte Schmeichler!

GOTTHOLD EPHRAIM LESSING: Gesammelte Werke. Gedichte und Fabeln. Epigramme und Epigrammtheorie, Lieder und Oden, Fabeln und Schriften zur Fabel, Fragmentarische Lehrgedichte, Bd. 1. Berlin (Ost) u. a. O. 1981, S. 50/51.

Lösung

Aufgabe 1

Aussage	Pro	Kontra
Marinelli ist ein Egoist.	persönliches Interesse am Tod des Grafen (III, 2): Rache für Beleidigung, evtl. Ausschalten eines Konkurrenten	Sein Plan ist eine Reaktion auf die Klagen des Prinzen. (I, 6; III,1)
Marinelli ist eine amoralische Figur.	Fehlen von Gewissensbissen, Zurückweisen jeglicher Mitschuld am Geschehen (III, 1); Lügen z. B. gegenüber Claudia und der Gräfin Orsina (III, 8; IV, 5)	bedauernder Ausruf angesichts des Todes Emilias („Weh mir!", V, 8)
Marinelli ist ein vorbildlicher Diener.	höchste Pflichterfüllung: tut alles, um die Wünsche des Prinzen zu erfüllen (z. B. I, 6)	Manipulation des Prinzen (z. B. „Freibrief"; I, 6); Mangel an Respekt (z. B. Schuldzuweisung an den Prinzen; IV, 1)
Marinelli ist ein Rationalist.	behält in allen Situationen einen klaren Kopf, z. B. auch als Claudia und Orsina seinen Plan durchschauen (III, 8; V, 5)	Ringen um die Freundschaft des Prinzen als eher emotionales Motiv (I, 6)
Marinelli ist ein Opportunist.	einschmeichelndes Verhalten gegenüber seinem „Erzfeind" Appiani (II, 10); Leugnen der Tötungsabsicht gegenüber Prinz Hettore (III, 1)	Hier dürfte es schwierig werden, Gegenbeispiele im Text zu finden.

Aufgaben 2 bis 4
Entscheidend für die Argumentation und die Beurteilung Marinellis ist die Frage, ob dessen skrupelloses Vorgehen als selbstloses Handeln (im Sinne des Fürsten) identifiziert und damit entschuldigt werden kann. Für diese Sichtweise lassen sich verschiedene Textstellen anführen, jedoch steht dagegen, dass Marinelli ein persönliches Interesse am Tod des Grafen Appiani hat (vorausgehende Beleidigung, evtl. Konkurrenzdenken).

Weiterführende Anregung
Im Anschluss kann mit den Schülern ein anspruchsvoller Interpretationsansatz zur Figur Marinelli von Peter von Matt besprochen werden:

„Ein Element der intertextuellen Verzahnung ist auch die Engel-Teufel-Assoziation. [...] Denn im großen Kontext bürgerlicher Emanzipation aus den feudalen Machtstrukturen ist der adlige Verführer bürgerlicher Frauen, der adlige Räuber bürgerlicher Jungfräulichkeit ein Medium der phantasierenden Selbstvergewisserung und Normenkonsolidierung gegenüber einer Klasse, die man in dem Grade sittlich zu verwerfen liebt, als man sie politisch nicht anzutasten wagt. Bemerkenswert ist, wie Lessing diesen Teufel in die ‚Emilia Galotti' einbringt. Er spaltet die Einheit der Verführerfigur auf in den Schurken Marinelli und den schönen Prinzen. Dieser, mehr ein unbekümmerter als ein unsittlicher Mensch, spricht selbst ganz zuletzt, im Schlusssatz des Stücks, die Diffamierung aus. Er erklärt Marinelli zum Teufel – einen Marinelli, der doch im Grunde die Hälfte seiner selbst ist, mit dem zusammen er eine dramatische Einheit ausmacht." (Peter von Matt: Liebesverrat. Die Treulosen in der Literatur. München u. a. O. 1989, S. 329.)

Von Matt sieht in Marinelli und dem Prinzen eine dramatische Einheit. Erst durch die Diffamierung Marinellis durch den „schönen Prinzen" werde der Kammerherr zum Teufel. Die Verführerfigur spalte sich in Hettore und Marinelli auf.

Zu diskutieren ist an dieser Deutung sicherlich, inwieweit Marinelli als „Verführer" auftritt, ob der Prinz wirklich nur „unbekümmert" ist und ob die abschließende Verteufelung Marinellis von Belang für dessen Bewertung ist.

Zur Kopiervorlage Seite 36: ERZIEHUNG DER FRAU IM ZEITALTER DER AUFKLÄRUNG

Die Kopiervorlagen auf den Seiten 36 bis 38 setzen sich mit der titelgebenden Emilia auseinander. Der Schwerpunkt liegt auf dem auch für die dramatische Handlung entscheidenden Verhältnis Emilias zu ihren Eltern.

Als Einstieg in die Einheit können die Schüler den folgenden auf einer Folie präsentierten Satz vervollständigen: „Eine gute Tochter ..." Auf der Basis zweier zeitgenössischer „Erziehungsratgeber" werden dann entsprechende Kriterien aufgestellt, welche die Schüler in einem zweiten Schritt auf Emilia übertragen sollen. Dabei ist zu überlegen, ob Lessing das zeitgenössische Erziehungsideal in seinem Trauerspiel bestätigt oder kritisiert (siehe hierzu auch KV „Emilia auf der Couch", Seite 38 und KV „Der Fall Emilia – die Schuldfrage", Seite 39).

Lösung
Aufgabe 1
Hauptziel: Vorbereitung auf die Rolle als Ehefrau, Hausfrau und Mutter

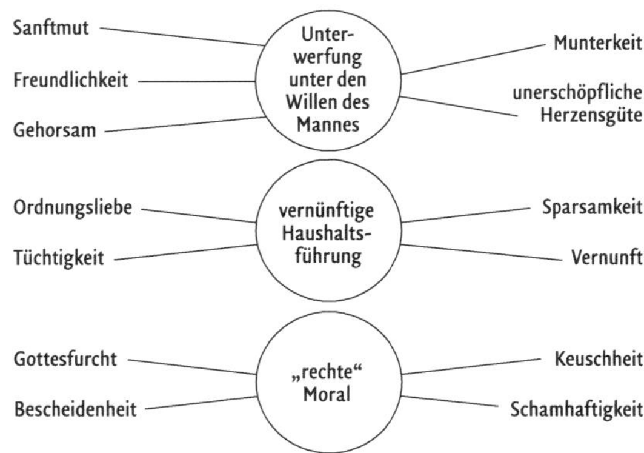

Aufgabe 2
Insgesamt entspricht Emilia dem Frauenideal, das in den beiden Erziehungsratgebern gezeichnet wird. Ihre Keuschheit wird jedoch durch die Annäherungsversuche infrage gestellt: „Und sündigen wollen [heißt] auch sündigen" (II, 6; S. 28, Z. 3), „Auch meine Sinne sind Sinne. Ich stehe für nichts." (V, 7; S. 85, Z. 28).

Weiterführende Anregung
Die Schüler erstellen einen modernen Erziehungsleitfaden. Dadurch wird zum einen der signifikante Wandel des Frauenbildes verdeutlicht, zum anderen bieten die zu erwartenden Differenzen Anlass zur Diskussion. Eine mögliche Aufgabenstellung ist: „Versetzt euch in die Situation einer modernen Mutter / eines modernen Vaters: Worauf legt ihr bei der Erziehung eurer Tochter Wert?"

Zur Kopiervorlage Seite 37: DIE BÜRGERLICHE FAMILIE

Im Laufe des 18. Jahrhunderts gewann die bürgerliche Familie an Bedeutung. Diese Entwicklung spiegelt sich auch in der zeitgenössischen Kunst wieder. So ist das 1821 entstandene Gemälde „Die Familie Begas" mehr als nur ein Familienporträt. Carl Begas (1794–1854) zeigt Hierarchien und Rollenverständnisse innerhalb der bürgerlichen Familie auf. Nachdem die Schüler diese Strukturen erarbeitet haben, überprüfen sie, inwieweit sie auch in der Familie Galotti zu finden sind. Hierbei werden „klassische" Beziehungsmuster erkennbar: der Vater als unbedingte Autorität, die Mutter als empathische „Verbündete". Das Ergebnis dieser Reflexion wird in Form von Standbildern festgehalten. Die Bewertung mittels Schulnote eignet sich als Diskussionsanstoß, da Schüler die Beziehungen häufig sehr unterschiedlich bewerten.

Lösung
Aufgabe 1
Der Vater steht als strenger Patriarch im Mittelpunkt des Geschehens, neben ihm die beiden jüngeren Söhne. Der ältere Sohn steht als Künstler am Rand des Bildes und beobachtet das Geschehen. Die Mutter und die Töchter sitzen am Rand. Sie sind mit frauentypischen Tätigkeiten beschäftigt, die sich aufs Haus beziehen: Handarbeiten und Musik. Die Söhne werden darauf vorbereitet, das Haus zu verlassen und die Welt zu erobern, z. B. indem sie schreiben und rechnen lernen. Eine emotionale Beziehung zwischen Eltern und Kindern wird nicht gezeigt. Die Bitte um Zuwendung vonseiten der jüngeren Tochter wird vom Vater nicht erwidert.

Aufgaben 2 und 3
Bei der Besprechung der Beziehungen innerhalb der Familie Galotti sollte deutlich gemacht werden, dass Emilias Beziehung zu ihrem Vater von Respekt geprägt ist und unter dem Primat der Vernunft steht, das Verhältnis zu ihrer Mutter dagegen durch Empathie und Emotionalität bestimmt wird. Für sich genommen ist keines der Verhältnisse vollständig und ideal. Mögliche Kriterien für die Bewertung einer guten Eltern-Kind-Beziehung aus heutiger Sicht sind z. B. Nähe, Vertrauen, „loslassen können".

Zur Kopiervorlage Seite 38: EMILIA AUF DER COUCH

Als Abschluss der Betrachtung der Hauptfigur oder als Alternative zur Kopiervorlage „Erziehung der Frau im Zeitalter der Aufklärung" (Seite 36) analysieren die Schüler Emilias Verhalten mithilfe von Freuds Drei-Instanzen-Modell.

Zentrale Punkte bei der Anwendung des Modells auf die Lektüre sind die Bewertung der aufgewühlten Stimmung Emilias nach der Begegnung mit dem Prinzen in der Kirche (II, 6) sowie die Äußerung Emilias im siebten Auftritt des fünften Aufzugs: „Ich habe Blut, mein Vater; so jugendliches, so warmes Blut, als eine. Auch meine Sinne, sind Sinne. Ich stehe für nichts. Ich bin für nichts gut." Zudem ist zu fragen, warum Emilia ohne offenen Widerstand im Haus des Prinzen bleibt. Mithilfe des letzten Arbeitsauftrags setzen sich die Schüler mit der Bedeutung des Vaters auseinander, wodurch bereits zur Untersuchung der Schuldfrage (siehe KV Seite 39) hingeführt wird.

Möglicher Einstieg
Ein provokanter, aber lohnender Einstieg ist die Präsentation einer Schlagzeile aus der Zeitung „Die Welt" vom 9. September 2008: „Frühreifes Deutschland. Die Jugend von heute – Porno mit acht, Sex mit 12" (siehe unter *https://www.welt.de/vermischtes/article2419370/Die-Jugend-von-heute-Porno-mit-acht-Sex-mit-12.html*). Den Schülern wird zunächst ein offenes Forum für Kommentare geboten, um anschließend durch eine einfache Fragestellung wie „Was ist euch wichtig?" zu den Grundebenen der Psychoanalyse (Über-Ich, Ich, Es) hinzuleiten.

Lösung
Aufgabe 2

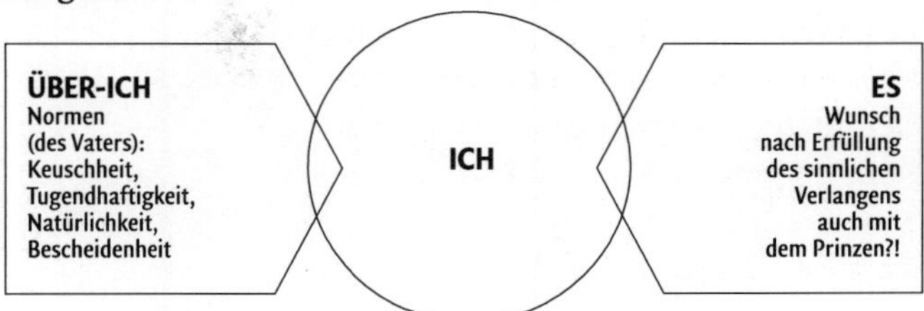

Aufgaben 3 und 4
Emilias Handeln wird vordergründig durch das „Über-Ich" bestimmt. Aufgrund der latenten „Gefährdung" durch das „Es" führt dies letztlich zu dessen „Abtötung". Emilias Tod ist der Versuch, das „Es" zu besiegen, kann aber auch als Kapitulation vor dem „Es" gewertet werden.

Als Bestätigung der These, dass Emilia auch für ihren Vater stirbt, lässt sich anführen, dass ihr „Über-Ich" maßgeblich durch die Normen ihres Vaters konstruiert wird.

Weiterführende Anregung
Optional kann den Schülern eine literaturwissenschaftliche Bewertung vorgelegt werden: „Emilias Todestrieb ist ein zensierter Liebestrieb." (Hermann J. Weigand: „Warum stirbt Emilia Galotti?". In: Hermann J. Weigand: Fährten und Funde. Aufsätze zur deutschen Literatur. Hg. von Amos Leslie Willson. Bern / München 1967, S. 39–50.) Bei einer entsprechenden Hinführung und Einbettung kann diese Aufgabe in das szenische Interpretieren (siehe Infokasten Seite 17 / 18) eingebunden werden.

Zur Kopiervorlage Seite 39: DER FALL EMILIA – DIE SCHULDFRAGE

Den Schlusspunkt des Trauerspiels markiert die Tötung Emilias. Die Bewertung der Schuldfrage bietet Raum für Kontroversen: Ist Odoardo ein Mörder? Ist der eigentliche Schuldige nicht Marinelli? Hat nicht aber der Prinz die Verantwortung für dessen Handeln zu tragen? Wäre es ohne die Gräfin überhaupt so weit gekommen?

Die beiden Arbeitsaufträge auf der Kopiervorlage fordern die Schüler zu einer begründeten Stellungnahme heraus. Die Bewertung der Schuld der Figuren auf einer Skala von 0 bis 10 kann exemplarisch von zwei Schülern auf einer Folie vorgenommen werden. Alternativ kann die Diskussion der Schuldfrage auf der Grundlage eines allgemeinen Stimmungsbildes erfolgen: An die Tafel oder ans Whiteboard werden nebeneinander die Namen der beteiligten Figuren geschrieben. Jeder Schüler erhält eine kleine rote und eine kleine grüne Karte. Die Schüler heften ihre grüne Karte unter den Namen der Figur, die für sie (am ehesten) von Schuld freizusprechen ist, ihre rote Karte unter den Namen der Figur, die sie für die / den Hauptschuldige / n halten.

Die zweite Aufgabe dient der Vertiefung und Aktualisierung. Bei der Benennung der Vergehen und der Suche nach einem geeigneten Strafmaß aus heutiger Sicht werden die vorangegangenen Überlegungen noch einmal umgewälzt und diskutiert. Zudem ist genaue Textarbeit erforderlich, um das gewählte Strafmaß angemessen begründen zu können. Es bietet sich an, diese Aufgabe in Kleingruppen bearbeiten zu lassen, um einen direkten Austausch zu ermöglichen.

Mögliche Einstiege

- Einleitend wird die Aussage „Odoardo ist ein Mörder" präsentiert und diskutiert.
- Den Schülern wird ein Auszug aus Bodmers Weiterführung vorgelegt: „Ehedem gab es einen Vater, der seine Tochter von der Schande zu retten, ihr den ersten besten Stahl in das Herz senkte; noch einen solchen Vater hat es gegeben; ich gab ihr das Leben, das Leben ohne Schande, zum zweiten Mal" (siehe KV Seite 41). Anschließend werden sie aufgefordert, dazu Stellung zu nehmen: Halten Sie diese Äußerung Odoardos für zutreffend? Würden Sie ihm beipflichten?
- Der Einstieg kann auch über den „Ehrenmord"-Exkurs erfolgen, indem die Schüler mittels einer entsprechenden Schlagzeile zu einer vergleichenden Bewertung aufgefordert werden (siehe auch KV Seite 40).

Lösung

Aufgaben 1 und 2

Emilia: Drängen des Vaters zur Tötung; keine strafrechtliche Relevanz

Odoardo: Ausführen der Tat, Erziehung Emilias zu Tugendrigorismus; mögliche Anklage: Tötung auf Verlangen – Strafmaß zwischen 6 Monaten und 5 Jahren (Hätte Odoardo als Erziehungsberechtigter Emilia nicht von der Selbsttötung abhalten müssen?)

Claudia: Verschweigen der ersten Avancen des Prinzen, Abfahrt aus Dosalo; keine strafrechtliche Relevanz

Marinelli: Einfädeln der Tat, Auftraggeber des Überfalls und der Entführung; mögliche Anklage: Freiheitsberaubung mit Todesfolge bzw. je nach Bewertung der Verantwortlichkeit des Prinzen Beihilfe zur Freiheitsberaubung mit Todesfolge – Strafmaß zwischen 3 und 5 Jahren bzw. entsprechende Milderung; weiterer Anklagepunkt: Mord am Grafen Appiani – lebenslängliche Freiheitsstrafe (Hat der Prinz nicht für sämtliche Maßnahmen die Verantwortung übernommen?)

Orsina: Aufwiegeln Odoardos, Aushändigen der Tatwaffe; mögliche Anklage: Beihilfe zur Tötung auf Verlangen (Orsina hatte die Waffe eigentlich für andere Zwecke gedacht; mögliche Anklage auf Beihilfe zum versuchten Mord am Prinzen, Freispruch im Fall „Emilia"?) – Strafmaß in Abhängigkeit von Bewertung der Tat Odoardos

Prinz: Initiator des tragischen Geschehens, „Freibrief" für Marinellis Handeln; Freiheitsberaubung mit Todesfolge bzw. je nach Bewertung der Verantwortlichkeit Marinellis Beihilfe zur Freiheitsberaubung mit Todesfolge – Strafmaß zwischen 3 und 5 Jahren bzw. entsprechende Milderung; evtl. Mordanklage im Fall des Grafen Appiani – lebenslängliche Freiheitsstrafe

Weiterführende Anregungen

- Im Anschluss an die Bearbeitung der Kopiervorlage können die Schüler eine Verteidigungsrede aus der Sicht einer Figur entwerfen. Hierbei stellt sich die Frage, inwieweit die Figuren ihre Schuld eingestehen respektive sich dieser bewusst sind oder diese auf andere Figuren abwälzen würden.
- Für einzelne Figuren kann die Urteilsbegründung schriftlich verfasst werden: „Im Namen des Volkes ergeht folgendes Urteil ..."
- Wenn der zeitliche Rahmen es zulässt, bietet sich in diesem Zusammenhang eine szenische Umsetzung an: Nachdem sich die Schüler darauf geeinigt haben, gegen welche Personen Anklage erhoben werden soll (z. B. Odoardo Galotti, Marinelli, Prinz Hettore), bereiten sie sich auf ihre Rolle als Staatsanwalt, Verteidiger, Richter oder Angeklagter vor. Je nach Anzahl der Schüler kann diese Vorbereitung auch in Kleingruppen oder Partnerarbeit erfolgen. Die Rollen der Staatsanwälte und Richter sollten mehrfach besetzt werden.

Zur Kopiervorlage Seite 40: DER FALL EMILIA – EIN EHRENMORD?

Einen interessanten und leider sehr aktuellen Ansatzpunkt für eine Übertragung der Tötung Emilias in die Lebenswelt der Schüler bildet das „Ehrenmord"-Problem.

Der Vergleich mit dem Fememord an einer jungen Syrierin, der 2008 vor dem Bonner Schwurgericht verhandelt wurde, trägt auch zur Vertiefung des Falles „Emilia" bei. Die Schüler erkennen Gemeinsamkeiten und wesentliche Unterschiede. Wurde die Schuldfrage (siehe KV Seite 39) noch nicht angesprochen, kann gemeinsam überlegt werden, ob die Tötung Emilias durch ihren Vater nach aktuellem Recht als Mord oder Totschlag zu bezeichnen ist.

Lösung

Aufgaben 1 und 2

Gemeinsamkeiten: Tötung einer jungen Frau durch einen nahen Verwandten aufgrund der Verabsolutierung einer Norm (Ehre – Tugend)

Unterschiede: Fehlen des Aspekts der Heimtücke bei Odoardo aufgrund der Einforderung der Tötung durch Emilia

→ Trotz einiger Unterschiede sind die Parallelen zwischen dem Fall Emilia und dem Bonner Ehrenmordprozess doch evident.

Mögliche Einstiege

- Eine weitere Möglichkeit der Aktualisierung bietet sich hinsichtlich des von Odoardo und Emilia im siebten Auftritt des fünften Aufzugs angedachten Tyrannenmordes an. Das Moralverständnis von Vater und Tochter erlaubt den Mord an einem Dritten nicht, wohl aber die „gewollte Tötung" der Tochter – eine zumindest fragwürdige Differenzierung. Hieran schließen sich folgende Fragestellungen an: Kann eine Gewalttat als tugendhaft bzw. moralisch betrachtet werden? Gibt es eine moralische, d. h. ethisch begründbare Tötung? Ist eine Situation denkbar, in der Gewalt gerechtfertigt ist? Als Ausgangspunkt können zwei Zitate genutzt werden, die gegensätzliche Positionen deutlich machen. Der Äußerung des Kardinals Christoph Schönborn nach dem Österreichbesuch Papst Benedikts XVI. zur Abtreibungsfrage – „(...) Tötung ist immer ein Unrecht" – wird ein Zitat des Soziologen und Philosophen Herbert Marcuse aus dem Umfeld der politisch brisanten 60er Jahre gegenübergestellt: „Ich glaube, dass es für unterdrückte und überwältigte Minderheiten ein ‚Naturrecht' auf Widerstand gibt, ein Naturrecht, außergesetzliche Mittel anzuwenden." („Repressive Toleranz". In: Robert Paul Wolff u. a.: Kritik der reinen Toleranz. Frankfurt a. M. 1968, S. 127.)

- Die Schüler schreiben das Ende des Dramas um, indem sie das Gespräch zwischen Odoardo und dem Prinzen (V, 5) in einem Tyrannenmord enden lassen. Anschließend überlegen sie, inwieweit sich die Aussage des Stückes dadurch verändert. (Die politische Aussage des Dramas hätte bei der Ermordung des Prinzen eine ganz andere Qualität erhalten; Lessing hätte als Verkünder der gewaltsamen Auflehnung gedeutet werden können. Dies war im zeitgenössischen Kontext undenkbar und wohl auch nicht im Sinne des Autors.)
- Die Schüler vergleichen den Ausgang des Stückes mit dem der Vorlage „Virginia" des römischen Geschichtsschreibers Titus Livius, auf die im siebten Auftritt des fünften Aufzugs indirekt verwiesen wird. Sie arbeiten Gemeinsamkeiten und Unterschiede heraus und verdichten diese zu einer Deutung des lessingschen Trauerspiels.
- Alternativ kann die Deutung Beatrice Wehrlis als Ansatzpunkt für eine Auseinandersetzung mit dem Ausgang des Trauerspiels genutzt werden. Wehrli konstatiert: „So hat es Emilia gelernt. Ihre bürgerlich-pietistische Erziehung hat sie zwar nicht darauf vorbereitet, wie man sich erfolgreich zur Wehr setzt, aber sie doch gelehrt, wie man entschlossen untergeht" (Beatrice Wehrli: Kommunikative Wahrheitsfindung. Zur Funktion der Sprache in Lessings Dramen. Tübingen 1983, S. 137). Zu fragen ist: Ist Emilias Tod ein Untergang? Setzt sich Emilia mit ihrem „Selbstmord" nicht zur Wehr?

Zur Kopiervorlage Seite 41: WIE ES WEITERGEHT ...

Eine sich am Ende des lessingschen Trauerspiels aufdrängende Frage nahm Johann Jakob Bodmer 1778 zum Anlass für seine Fortsetzung des Stückes unter dem Titel „Odoardo Galotti, Vater der Emilia": Wie erklärt Odoardo die Tötung Emilias seiner Frau Claudia?

Ein Einstieg kann über die Befindlichkeit Odoardos erfolgen. Den Schülern werden verschiedene Gemälde Edvard Munchs (1863–1944) ohne Nennung der jeweiligen Titel gezeigt („Der Schrei", „Melancholie"). Sie entscheiden, welches der Bilder ihrer Meinung nach Odoardos Stimmungslage am Ende des Dramas am besten symbolisieren könnte.

Weitere, das Spektrum öffnende Ergänzungen sind: Caspar David Friedrich (1774–1840), „Der Wanderer über dem Nebelmeer"; Eduard von Grützner (1846–1925), „Falstaff".

Anschließend sollen die Schüler auf der Basis des lessingschen Textes erklären, inwiefern das bei Bodmer dargestellte Wiedersehen plausibel ist.

Eine anspruchsvolle Aufgabe, die sich an die Bearbeitung der Kopiervorlage anschließen kann, ist das eigenständige Verfassen einer Wiedersehensszene durch die Schüler. Diese fördert häufig inhaltlich und sprachlich bemerkenswerte Ergebnisse zutage und kann zur Betrachtung der Sprache des Dramas überleiten.

Lösung

Aufgaben 1 und 2

Bodmer entwirft in seiner Fortsetzung das Bild eines harten, von der Richtigkeit seiner Tat inzwischen absolut überzeugten Odoardos. Dies erscheint bei der Betrachtung der letzten Verse des lessingschen Trauerspiels durchaus diskutabel. Einerseits bezeichnet sich Odoardo gegenüber der sterbenden Tochter bei Lessing als „Dein Vater, dein unglücklicher Vater!" (V, 8) – von einem selbstsicheren, triumphierenden Odoardo kann hier keine Rede sein –, andererseits zeigt er sich im darauffolgenden Gespräch mit dem Prinzen doch als entschlossen und bestimmt. Verschiedene Auslegungen sind daher denkbar.

Zu erörtern ist in diesem Zusammenhang gleichfalls Odoardos Umgang mit Claudia. Bodmer präsentiert auch hier einen kalten Odoardo. Für die Bewertung dieses Aspekts spielt Claudias Verheimlichung des Zusammentreffens von Emilia und Hettore in der Messe eine zentrale Rolle. Wichtig ist zudem Odoardos Reaktion auf Claudias Bekenntnis (IV, 8). Hier bleibt Odoardo zumindest vordergründig ruhig.

Im Ganzen ist der harte und direkte Ton der Rede Odoardos diskutabel. Odoardo verfährt schroffer („Sammle die Kräfte deiner weichlichen Seele zusammen"), selbstherrlicher („lass dich von dem Gedanken erheben, dass du Claudia Galotti bist, Odoardos Vermählte") und direkter („Emilia war eine männliche Seele in weiblichen Gliedmaßen") als in Lessings Text. Inwiefern dieser Wandel aus dem Ende des Dramas abgeleitet werden kann, sollte Gegenstand der Diskussion sein.

Die inhaltliche Grundanlage allerdings lässt sich weitgehend mit dem lessingschen Text in Übereinstimmung bringen. Hervorzuheben ist die Stelle „und heißer Ehrliebe hat gesieget – es war ein schwerer Kampf – über den Vater gesieget" (Z. 9 / 10), in der Odoardos Zerrissenheit auch bei Bodmer aufgegriffen wird.

DER HANDLUNGSVERLAUF

Exposition

1. AUFZUG: Im Kabinett des Prinzen
Der Prinz Hettore von Guastalla ist der gesellschaftlich unter ihm stehenden Emilia Galotti verfallen, welche er wenige Wochen zuvor bei einer Abendgesellschaft zufällig getroffen hat, und will seine Liaison mit der Gräfin Orsina beenden. Zu seinem Entsetzen erfährt der Prinz von seinem Kammerherrn Marinelli, dass das Objekt seiner Begierde noch am gleichen Tag den Grafen Appiani ehelichen wird. Daraufhin stellt Hettore Marinelli einen Freibrief aus, alles zu tun, was die Hochzeit verhindern könnte. Marinelli schlägt vor, Appiani als diplomatischen Gesandten sogleich ins Ausland zu entsenden. Der Prinz entschließt sich zudem, Emilia in der Messe aufzulauern.
Die Unterzeichnung eines Todesurteils ist dem gedankenverlorenen Prinzen keine weitere Überlegung wert.

steigende Handlung

2. AUFZUG: Im Hause der Galotti
Im Gespräch mit seiner Frau Claudia zeigt sich Emilias Vater Odoardo argwöhnisch um die Tugendhaftigkeit seiner Tochter besorgt. Pirro, ein Bedienter der Galottis mit offenkundig dunkler Vergangenheit, verrät seinem ehemaligen Kompagnon Angelo Details zur geplanten Kutschfahrt der Hochzeitsgesellschaft zum Gut Appianis. Ein Anschlag auf das Leben des angehenden Bräutigams ist der Plan B Marinellis. Nach einer weiteren Unterredung der Eheleute Galotti, in der sich Odoardo als entschiedener Gegner der höfischen Lebensform, Claudia als Befürworterin präsentiert, bricht Odoardo zum Grafen auf. Unmittelbar darauf stürzt Emilia in großer Aufregung zu ihrer Mutter und berichtet jener von der Nachstellung und den Liebesbekundungen des Prinzen, welche sie innerlich nicht unberührt ließen. Mutter und Tochter beschließen ein „Stillhalteabkommen" gegenüber Odoardo. Während Appiani seine Braut abholen möchte, erscheint Marinelli mit dem vermeintlich ehrenvollen Gesandtschaftsauftrag. Appiani lehnt ab, es kommt zum Streit, der Aufforderung zum Duell entzieht sich der Kammerherr unter einem fadenscheinigen Vorwand. Schließlich bricht die Hochzeitsgesellschaft auf.

Peripetie

3. AUFZUG: Im Lustschloss des Prinzen
Der Prinz und Marinelli sprechen über ihre gescheiterten Versuche, die Hochzeit zu verhindern, als im Hintergrund Schüsse zu hören sind. Kurz darauf tritt Angelo auf, welcher von der erfolgreichen Durchführung des Ersatzplans des Kammerherrn berichtet: Appiani wurde ermordet, Emilia „gerettet" und zum Schloss gebracht. Marinelli empfängt die verstörte Emilia mitfühlend und stellt den Prinzen als Retter dar. Wenngleich Emilia einen Verdacht gegen den Prinzen hegt, lässt sie sich ohne großen Widerstand vom Prinzen in seine Gemächer führen. Nach dem Abgang Emilias und des Prinzen taucht Claudia auf und bezeichnet Marinelli in einem zunehmend eskalierenden Gespräch offen als „Abschaum aller Mörder". Claudia hört schließlich im Hintergrund die Stimme ihrer Tochter und stürzt in das betreffende Zimmer.

fallende Handlung

4. AUFZUG: Im Lustschloss des Prinzen
In einer wenig überzeugenden Selbstrechtfertigung versucht der Prinz im Gespräch mit Marinelli, die Schuld für den Tod Appianis von sich zu weisen. Die Situation verschärft sich mit dem Erscheinen der Gräfin Orsina, welche durch Marinelli vom Ende ihres Verhältnisses mit dem Prinzen in Kenntnis gesetzt wird und vom Kammerherrn an einem Vordringen zum Prinzen gehindert wird. Der nun hinzustoßende Odoardo erfährt von der verlassenen Orsina von den dramatischen Ereignissen und der Gefährdung der Tugend seiner Tochter. Während Orsina die Vorgeschichte treffend aufklärt, begeht sie einen verhängnisvollen Fehler: Sie steckt Odoardo einen Dolch zu, in der Hoffnung, dass dieser sie beide am Prinzen rächen werde. Der mit seinen Emotionen ringende Odoardo schickt seine Frau nach Hause und entschließt sich zu einem Alleingang.

5. AUFZUG: Im Lustschloss des Prinzen
Zu Beginn werden die drei männlichen Protagonisten nochmals kurz gezeigt: Marinelli spricht dem Prinzen Mut zu, der Prinz wiederum ist besorgt wegen Odoardos Erscheinens und fürchtet um den Verlust Emilias, Odoardo hingegen ringt in einem Monolog um die Beherrschung seiner Affekte. Marinelli verwehrt dem Vater das Wiedersehen mit seiner Tochter und kündigt an, dass diese nach Guastalla gebracht werde. Der hinzukommende Prinz lässt sich jedoch überreden, Emilia zu Odoardo zu führen. Wartend befallen Odoardo Zweifel, ob er die „Lösung" nicht einer höheren Instanz überantworten soll: „Wer sie unschuldig in diesen Abgrund gestürzt hat, der ziehe sie wieder heraus." (V, 6). Genau in diesem Moment erscheint Emilia. In einem bewegenden Dialog betont sie, dass nur der Tod sie vor den Verlockungen des Hofes bewahren und ihre Ehre retten könne. Nach intensivem Ringen gibt der Vater ihrem Drängen nach und erdolcht die Tochter. Odoardo bekennt seine Tat vor Hettore und Marinelli und will sich dem weltlichen und jenseitigen Gericht stellen. Der Prinz dagegen schiebt auch bei diesem letzten kurzen Zusammentreffen seinem Berater die Verantwortung zu und verbannt diesen außer Landes.

Katastrophe

DIE HAUPTFIGUREN DES STÜCKES (1)

1. Welche Personen sind auf dem folgenden Szenenfoto abgebildet? Um welche Szene könnte es sich handeln? Begründen Sie Ihre Zuordnung.

Münchner Kammerspiele in der Freien Volksbühne Berlin 1984, Regie: THOMAS LANGHOFF

2. Ordnen Sie die Aussagen auf dem zweiten Arbeitsblatt jeweils einer der folgenden Hauptfiguren des Trauerspiels zu: Emilia, Odoardo, Claudia, Prinz Hettore, Marinelli, Gräfin Orsina.

3. Die Werbung arbeitet zur griffigen Darstellung eines Produkts vor allem mit Slogans, z. B. „Quadratisch. Praktisch. Gut." für Ritter-Sport-Schokolade. Fassen Sie nach diesem Vorbild Ihre Figurenbeobachtungen zu Kurzcharakterisierungen zusammen, die jeweils aus drei im Stil einer Klimax angeordneten Adjektiven bestehen.

DIE HAUPTFIGUREN DES STÜCKES (2)

1. ______________________: „Nun ja; ich habe sie zu lieben geglaubt! Was glaubt man nicht alles? Kann sein, ich habe sie auch wirklich geliebt."

2. ______________________: „Wir sind Menschen, Emilia. Die Gabe zu beten ist nicht immer in unserer Gewalt."

3. ______________________: „Mir vorschreiben, wo sie hin soll? – Mir sie vorenthalten? – Wer will das? Wer darf das? – Der hier alles darf, was er will?"

4. ______________________: „Husch, husch, und ich bin fertig! – Nichts, gar nichts von dem Geschmeide, dem letzten Geschenke Ihrer verschwenderischen Großmut! [...] Perlen bedeuten Tränen."

5. ______________________: „Ha! man sollt es voraus wissen, wenn man so töricht bereit ist, sich für die Großen aufzuopfern – man sollt es voraus wissen, wie erkenntlich sie sein würden –"

6. ______________________: „Wer sich den Eindrücken, die Unschuld und Schönheit auf ihn machen, ohne weitere Rücksicht, so ganz überlassen darf; – ich dächte, der wäre eher zu beneiden, als zu belachen."

7. ______________________: „Aber lass mich heute nur ein Einziges für diese Stadt, für diese Nähe des Hofes sprechen, die deiner strengen Tugend so verhasst sind."

8. ______________________: „O ein Fürst hat keinen Freund! kann keinen Freund haben!"

9. ______________________: „‚Fürsten haben keinen Freund! können keinen Freund haben!' – Und die Ursache, wenn dem so ist? – Weil sie keinen haben wollen."

10. ______________________: „Ein Wollüstling, der bewundert, begehrt. [...] der bloße Gedanke setzt mich in Wut."

11. ______________________: „Doch, doch; ich glaube, er geht in diese Falle gewiss."

12. ______________________: „Und sündigen wollen [bedeutet] auch sündigen."

13. ______________________: „Nur, guter Freund, muss es ein kleines stilles Verbrechen, ein kleines heilsames Verbrechen sein."

14. ______________________: „Freilich, sie wird Augen machen, wenn sie den Wolf bei dem Schäfchen sieht."

15. ______________________: „Weinen konnt ich nie; – und will es nun nicht erst lernen –"

16. ______________________: „Und es ist meine Art, dass ich Leute Dinge verantworten lasse, wofür sie nicht können!"

17. ______________________: „Was kümmert es die Löwin, der man die Jungen geraubet, in wessen Walde sie brüllet?"

18. ______________________: „Nichts unter der Sonne ist Zufall; – am wenigsten das, wovon die Absicht so klar in die Augen leuchtet."

19. ______________________: „Und glauben Sie, glauben Sie mir: wer über gewisse Dinge den Verstand nicht verlieret, der hat keinen zu verlieren. –"

20. ______________________: „Ich habe Blut, mein Vater; so jugendliches, so warmes Blut, als eine. Auch meine Sinne, sind Sinne. Ich stehe für nichts."

DIE FIGURENKONSTELLATION

1. Tragen Sie die Hauptfiguren des Stückes in das vorgegebene Schema ein.

2. Stellen Sie die Beziehungen zwischen den Figuren mithilfe von Pfeilen dar. Beschriften Sie diese entsprechend.

Welt des Adels	Welt des Bürgertums

3. Umstritten ist die Einordnung des Grafen Appiani. Obwohl er von adeliger Herkunft ist, wird er häufig dem Bürgertum nahegestellt. Diskutieren Sie, welche Überlegungen dieser Zuordnung zugrunde liegen könnten.

NATÜRLICHE UND AFFEKTIERTE HANDLUNGEN DES LEBENS

1. Vergleichen Sie die beiden Darstellungen unter Berücksichtigung von Frisur, Kleidung, Körperhaltung, Mimik, Gestik und Umgebung der abgebildeten Personen.

DANIEL CHODOWIECKI, Die Unterredung (1778)

DANIEL CHODOWIECKI, Die Unterredung (1778)

2. Ordnen Sie die beiden Darstellungen den Ständen „Adel“ und „Bürgertum“ zu. Wie kennzeichnet Chodowiecki ihr Gesprächsverhalten? Welche allgemeinen Aussagen lassen sich daraus ableiten? Fassen Sie Ihre Ergebnisse in kurzen „Standesprofilen“ zusammen.

3. Überprüfen Sie, inwiefern diese Standesprofile auf die Figuren des Dramas zutreffen.

KNIGGES EMPFEHLUNG

1. Arbeiten Sie aus dem Text die wesentlichen Behauptungen und Leitsätze des Freiherrn Knigge heraus.

Adolph Freiherr Knigge, Über den Umgang mit Menschen (1788)

1. [Fürsten, vornehme und reiche Leute] werden in der Erziehung verwahrloset, von Jugend auf durch Schmeichelei verderbt, durch andere und sich selbst verzärtelt. Da ihre Lage sie über Mangel und Bedürfnis mancher Art hinaussetzt; da sie selten in Verlegenheit oder Not geraten, so lernen sie nicht, wie nötig ein Mensch dem andern, und wie schwer es ist, das Ungemach des Lebens allein zu tragen, – wie süß, teilnehmende, mitleidende Seelen zu finden, und wie wichtig, andrer zu schonen, damit man einst zu ihnen seine Zuflucht nehmen könne. Sie lernen sich selbst nicht kennen [...].

3. Ein allgemeiner Satz für alle Fälle ist der: Dringe dich den Vornehmen und Reichen nicht auf, wenn du nicht von ihnen verachtet werden willst! [...]

4. Suche nicht, dir das Ansehen zu geben, als gehörtest du zu der Klasse der Vornehmern, oder lebtest wenigstens mit ihnen in engster Vertraulichkeit! Rühme dich nicht ihrer Freundschaft, ihres Briefwechsels, ihres Zutrauens, noch deines Übergewichts über sie! [...] Handle selbstständig! Verleugne nicht deine Grundsätze, deinen Stand, deine Geburt, deine Erziehung; so werden Hohe und Niedre dir ihre Achtung nicht versagen können!

5. Man traue nicht zu sehr den freundlichen Gesichtern der meisten Großen; glaube sich nicht auf dem Gipfel der Glückseligkeit, wenn der gnädige Herr uns anlächelt, die Hand schüttelt, oder uns umarmt! Vielleicht bedarf er unserer in diesem Augenblicke, und behandelt uns mit Verachtung, wenigstens mit Kälte, sobald dieser Augenblick vorüber ist. [...]

9. [...] Schmeichle ihnen nicht! Nähre nicht ihren Stolz, ihre Üppigkeit, ihre Eitelkeit, ihren Hang zu nichtigen und wollüstigen Freuden! Bestärke die Großen nicht in den Grundsätzen von angebornen Vorzügen, von Herrschers Rechten, von Gesalbtheit und dergleichen Grillen! Heuchle nicht! Verleugne nicht die Wahrheit, selbst die bittre Wahrheit nicht, um ihre Gunst zu erlangen! Sei freimütig, aber ohne die Höflichkeit zu verletzen, und ohne dich selbst zu Grunde zu richten! [...]

Adolf Freiherr Knigge: Über den Umgang mit Menschen: in drei Teilen, Bd. 3. Hg. von Friedrich Philipp Wilmsen. Hannover 1818, S. 2–14.

Adolph Franz Friedrich Ludwig Freiherr Knigge (* 16. 10. 1752 bei Hannover, † 6. 5. 1796 in Bremen) entstammt einer verarmten Adelsfamilie. Seine 1788 veröffentlichte Hauptschrift „Über den Umgang mit Menschen" klärt über den Umgang mit unterschiedlichen Generationen, Ständen und Charakteren auf. Durch die erst nach Knigges Tod hinzugefügten Benimmregeln wird das ursprünglich eher soziologische Werk heute als reines „Benimmbuch" missverstanden.

2. Wenden Sie Knigges Leitsätze auf Odoardo, Claudia und Emilia Galotti an: Wer von ihnen folgt den Regeln, wer nicht?

3. Angenommen Knigge hätte seinen Leitfaden einige Jahre früher veröffentlicht und Lessing hätte ihn gelesen. Diskutieren Sie Lessings Meinung dazu.

DER PRINZ – EINE FÜHRUNGSPERSÖNLICHKEIT?

Bewerten Sie den Prinzen im Hinblick auf seine Führungskompetenz und verfassen Sie dazu ein kurzes Gutachten. Orientieren Sie sich an den von der modernen Forschung ermittelten Führungsqualitäten.

Ergebnisse aus Umfragen der Führungsforschung:

1. Eine Führungskraft muss motivieren können.
2. Eine Führungskraft muss führen, d. h. Entscheidungen treffen können.
3. Eine Führungskraft muss die eigene Stellung aufrechterhalten.
4. Eine Führungskraft muss integrieren, d. h. auch in der Lage sein, Kompromisse zu schließen.
5. Eine Führungskraft muss komplexe Zusammenhänge überschauen können.
6. Eine Führungskraft muss die Gesamtsituation in Betracht ziehen.
7. Eine Führungskraft sollte längerfristige Perspektiven entwickeln.
8. Eine Führungskraft sollte Führung nicht als Einbahnstraße auffassen.
9. Eine Führungskraft sollte auf die Form der Führung achten.
10. Eine Führungskraft muss zuhören können und Selbsterkenntnis besitzen.

nach GÜNTER WISWEDE: „Führungsforschung im Wandel". In: Gerd Wiendieck u. a. (Hg.): Führung im Wandel. Neue Perspektiven für Führungsforschung und Führungspraxis. Stuttgart 1990, S. 1–38.

Gutachten

über

den Prinzen Hettore zu GUASTALLA

bezüglich der Fragestellung: **„Ist der Prinz eine gute Führungskraft?"**

Der Prinz ______________________________

____

____

____

____

Daher werden seine Führungsqualitäten wie folgt beurteilt: ______________________________

____

Unterschrift des Gutachters: ______________________________

ODOARDO GALOTTI – EIN GUTER VATER?

1. 2008 entwickelte die Zeitschrift „Eltern“ für eine Umfrage ein Raster von Eigenschaften, die ein guter Vater mitbringen sollte. Erstellen Sie Ihre persönliche Rangfolge der unten genannten Charakterzüge.

Welche Eigenschaften sollte ein Mann mitbringen, um ein guter Vater zu sein?

Meine Bewertung	Odoardos Bewertung	
◯	◯	Zuverlässigkeit
◯	◯	Nachsicht
◯	◯	Humor
◯	◯	Zärtlichkeit
◯	◯	Selbstlosigkeit
◯	◯	Modernität (auch in puncto Rollenverständnis)
◯	◯	Strenge
◯	◯	Durchsetzungsvermögen
◯	◯	Ehrgeiz, für die materielle Absicherung der Familie zu sorgen
◯	◯	Bildung

2. Versetzen Sie sich in die Figur Odoardo und versuchen Sie, die Eigenschaften aus dessen Sicht zu hierarchisieren: Welche Eigenschaften sind ihm besonders wichtig, welche weniger?

3. Bewerten Sie Odoardo im Hinblick auf die Frage, ob dieser als „guter Vater“ bezeichnet werden kann.

ZWEI FRAUENZIMMER

1. Versuchen Sie, die Gräfin Orsina und Claudia Galotti einem der beiden Frauenbilder zuzuordnen. Begründen Sie Ihre Entscheidung.

LEONARDO DA VINCI, La belle Ferronière (um 1490 / 95)

TIZIAN, Flora (um 1515)

2. a) Untersuchen Sie die Gräfin Orsina und Claudia Galotti im Hinblick auf folgende Fragen:
- **Was wünschen sich die Figuren? Was treibt sie an?**
- **Welche „Fehler“ begehen sie?**
- **Wie werden sie von den männlichen Figuren wahrgenommen?**

Berücksichtigen Sie dabei folgende Szenen: I, 1 – 4; IV, 2 – 8 (zur Gräfin Orsina) / II, 2; II, 4 – 8; II, 11; III, 7; III, 8; IV, 8 (zu Claudia Galotti).

b) Welche Gemeinsamkeiten bestehen zwischen den beiden Figuren? Fassen Sie Ihre Ergebnisse in einer tabellarischen Übersicht zusammen.

3. Diskutieren und bewerten Sie die Bedeutung der beiden Frauen für die Entwicklung des Dramas.

MARINELLI – VERFÜHRER ODER VERFÜHRTER?

1. Kreuzen Sie diejenigen Aussagen an, denen Sie zustimmen können. Begründen Sie Ihre Entscheidung und führen Sie Textstellen als Belege an.

○ Marinelli ist ein Egoist.

○ Marinelli ist eine amoralische Figur.

○ Marinelli ist ein vorbildlicher Diener.

○ Marinelli ist ein Rationalist, d. h. eine Figur, die sich in ihrem Handeln von ihrem Verstand leiten lässt.

○ Marinelli ist ein Opportunist, d. h. jemand, der sich aus Nützlichkeitserwägungen schnell und bedenkenlos der jeweiligen Lage anpasst.

Marinelli ist ______________________

____

2. „Marinelli ist die Figur des Nur-Bösen." Diskutieren Sie diese Aussage des Schauspielers Klaus Maria Brandauer.

3. Vergleichen Sie die beiden unten abgebildeten Rolleninterpretationen. Diskutieren Sie, welche Ihrem Verständnis der Figur Marinelli am nächsten kommt.

Freie Volksbühne Berlin 1987, Regie: Hans Neuenfels
Hermann Treusch als Hettore Gonzaga, Gottfried Lackmann als Marinelli

Deutsches Theater Berlin 2001, Regie: Michael Thalheimer
Ingo Huelsmann als Marinelli, Nina Hoss als Gräfin Orsina

i

Essay: meist nicht zu umfangreicher Prosatext, in dem ein (literarisches) Thema aspekthaft und subjektiv dargestellt ist. In einem Essay wird eine Fragestellung aus persönlicher Sicht kritisch diskutiert. Dabei kann die Darstellung durchaus überspitzt formuliert sein, wenngleich ein umgangssprachlicher Stil vermieden werden sollte.

4. Verfassen Sie einen kurzen Essay, in dem Sie folgende Frage behandeln: Verdient der Kammerherr Marinelli Mitleid oder Verachtung?

ERZIEHUNG DER FRAU IM ZEITALTER DER AUFKLÄRUNG

1. Arbeiten Sie aus den beiden Quellentexten heraus, worauf man bei der Erziehung einer jungen Frau Wert legen sollte. Notieren Sie diese Ziele stichwortartig.

Marianne Ehrmann, Philosophie eines Weibs: Von einer Beobachterin (1784)

Die Erziehung des weiblichen Geschlechts muss also immer auf jene des männlichen sich beziehen, weil die Pflichten des Weibs bloß darin bestehen: dem Mann zu gefallen; ihm nützlich zu sein; sich geehrt und beliebt bei ihm zu machen; ihn in der Kindheit zu erziehen; im Alter zu pflegen; ihm zu raten, ihn zu trösten; und ihm das Leben angenehm zu machen.

Arbeitsam und munter müssen die Mädchen erzogen werden [...]. Man muss sie nicht zu weich halten, damit sie nicht, wie unsere itzigen wächsernen Damen über jedes Lüftchen Schnupfen bekommen, und frühe ihrem Willen Zwang antun, damit sie ihn desto leichter andrer Willen zu unterwerfen angewöhnen. [...]

Immer muss Vernunft der Tugend Führerin sein. [...]

Mahlt man ihnen dann die Sitten unserer Zeiten, so darf man sicher sein, dass man ihnen wahren Abscheu dagegen einflöße; zeigt man ihnen die Leute nach der Mode, so werden sie dieselben verachten, ihre Grundsätze fliehen, ihre Denkungsart hassen, und ihre eitlen Galanterien gering schätzen. [...]

Sind dem jungen Mädchen in der Jugend ihre Wünsche einmal bezähmt worden, so kann sie keine Verschwenderin, keine eitle Törin mehr werden. [...]

Die erste und wichtigste Eigenschaft eines Weibs ist Sanftmut. Geschaffen, einem so unvollkommenen Geschöpf, als der Mensch ist, zu gehorchen, der oft so lasterhaft, und immer so fehlerhaft ist, muss sie frühe selbst die Ungerechtigkeit ihres Manns ohne Murren ertragen lernen, denn Widerwärtigkeit und Halsstärrigkeit haben nur immer die Übel der Weiber und das schlimme Verfahren der Männer vermehrt, weil diese fühlten, dass das nicht die Waffen seien, mit denen man sie bezwingen müsse.

MARIANNE EHRMANN: Philosophie eines Weibs. Von einer Beobachterin. Kempten 1784, S. 36–59.

Joachim Heinrich Campe, Väterlicher Rat für meine Tochter (1791)

I,3.3. Ein recht würdiger, edler, der ganzen Lage und Bestimmung des Weibes vollkommen angemessener Gemütscharakter

Hier sind zuvörderst die nackten Grundzüge desselben. Es gehören dazu: Reinigkeit [Reinheit] des Herzens und der Gesinnungen, aufgeklärte Gottesfurcht, Keuschheit, Schamhaftigkeit, Bescheidenheit, Freundlichkeit und unerschöpfliche Herzensgüte, Besonnenheit, Ordnungsliebe, Ökonomiegeist, Eingezogenheit, Anhänglichkeit an Mann, Kind und Haus, ein gänzliches, freies und freudiges Verzichttun auf die zerstreuenden und berauschenden Vergnügungen des herrschenden üppigen Lebens, und endlich ein liebevolles Hingeben ihres eigenen Willens in den Willen des Mannes, woraus denn nach und nach ein gänzliches süßes Zusammenschmelzen ihrer eigenen Existenz [Wesenheit] mit der seinigen entsteht.

JOACHIM HEINRICH CAMPE: Väterlicher Rat für meine Tochter. Ein Gegenstück zum Theophron. Braunschweig 1791, S. 137.

2. Bewerten Sie, inwiefern die Figur Emilia diesem Frauenbild entspricht. Ziehen Sie zur Untersuchung vor allem die Szenen II, 6; II, 7 und V, 7 heran.

DIE BÜRGERLICHE FAMILIE

1. Arbeiten Sie anhand des Gemäldes von Carl Begas die Strukturen einer bürgerlichen Familie zu Beginn des 19. Jahrhunderts heraus: Zeigen Sie bestehende Hierarchien, die Beziehungen der Familienmitglieder untereinander sowie das dargestellte Rollenverständnis auf.

CARL BEGAS, Die Familie Begas (1821)

2. a) Vergleichen Sie, inwieweit die Familie Galotti diesem Familienbild entspricht.
b) Stellen Sie die Beziehungen zwischen Emilia und ihren Eltern in Form eines Standbilds dar.
c) Fassen Sie die Vater-Tochter-Beziehung und die Mutter-Tochter-Beziehung jeweils in einem Satz zusammen.

3. a) Stellen Sie aus heutiger Sicht Bewertungskriterien für eine gute Vater-Tochter-Beziehung und eine gute Mutter-Tochter-Beziehung auf.
b) Wenden Sie Ihre Kriterien auf die Beziehung zwischen Emilia und ihren Eltern an. Vergeben Sie Schulnoten für die Vater-Tochter- sowie für die Mutter-Tochter-Beziehung.

EMILIA AUF DER COUCH

Zu Beginn des 20. Jahrhunderts entwickelte der österreichische Arzt und Psychologe Sigmund Freud ein Modell zur Beschreibung des psychischen Apparats eines Menschen. 1923 verfasste er die Schrift „Das Ich und das Es", die zur Grundlage der sogenannten Psychoanalyse wurde und die moderne Psychologie entscheidend prägte.

1. Erläutern Sie Freuds Drei-Instanzen-Modell mit eigenen Worten.

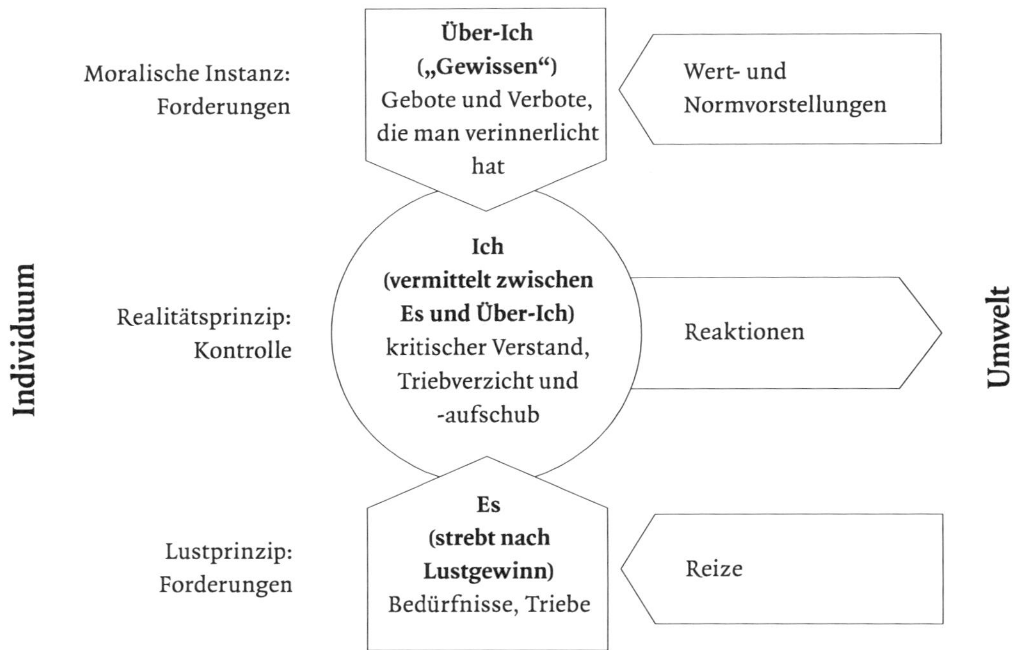

2. Erarbeiten Sie Emilias „Es" und „Über-Ich": Welche Wünsche und Bedürfnisse hat sie? An welchen Maßstäben und Normen orientiert sie sich?

Wünsche / Bedürfnisse: ______________________________

____

Maßstäbe / Normen: ______________________________

____

3. Bewerten Sie die Bedeutung der beiden Ebenen für Emilias Handeln. Welche der beiden Ebenen ist der Dynamo ihrer Persönlichkeit?

4. Diskutieren Sie – ausgehend von Ihren Ergebnissen – folgende These: „Emilia stirbt nicht nur *durch*, sondern auch *für* ihren Vater."

DER FALL EMILIA – DIE SCHULDFRAGE

1. Das Trauerspiel endet mit Emilias Tod. Bewerten Sie die Schuld der beteiligten Figuren auf einer Skala von 0 (unschuldig) bis 10 (hauptschuldig). Begründen Sie Ihre Einschätzung.

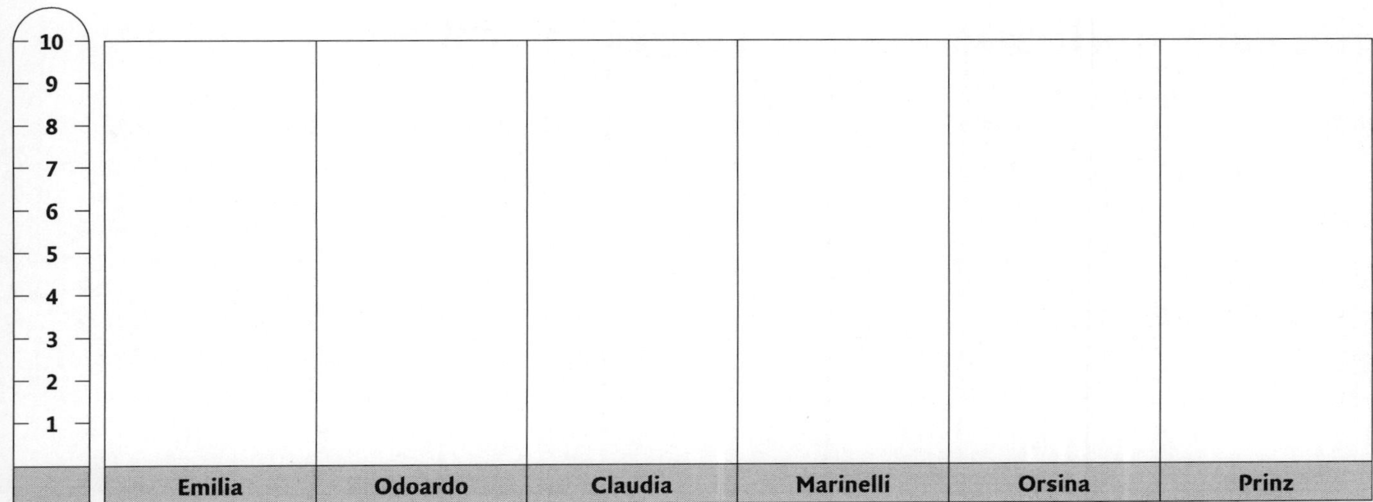

2. Versetzen Sie sich in die Rolle eines heutigen Richters: Finden Sie für die involvierten Personen das entsprechende Strafmaß.

§ 211 Mord
(1) Der Mörder wird mit lebenslanger Freiheitsstrafe bestraft.
(2) Mörder ist, wer aus Mordlust, zur Befriedigung des Geschlechtstriebs, aus Habgier oder sonst aus niedrigen Beweggründen, heimtückisch oder grausam oder mit gemeingefährlichen Mitteln oder um eine andere Straftat zu ermöglichen oder zu verdecken, einen Menschen tötet.

§ 212 Totschlag
(1) Wer einen Menschen tötet, ohne Mörder zu sein, wird als Totschläger mit Freiheitsstrafe nicht unter fünf Jahren bestraft.
(2) In besonders schweren Fällen ist auf lebenslange Freiheitsstrafe zu erkennen.

§ 216 Tötung auf Verlangen
(1) Ist jemand durch das ausdrückliche und ernstliche Verlangen des Getöteten zur Tötung bestimmt worden, so ist auf Freiheitsstrafe von sechs Monaten bis zu fünf Jahren zu erkennen.
(2) Der Versuch ist strafbar.

§ 49 Besondere gesetzliche Milderungsgründe
(1) Ist eine Milderung nach dieser Vorschrift vorgeschrieben oder zugelassen, so gilt für die Milderung Folgendes:
1. An die Stelle von lebenslanger Freiheitsstrafe tritt Freiheitsstrafe nicht unter drei Jahren.
2. Bei zeitiger Freiheitsstrafe darf höchstens auf drei Viertel des angedrohten Höchstmaßes erkannt werden. Bei Geldstrafe gilt dasselbe für die Höchstzahl der Tagessätze.
3. Das erhöhte Mindestmaß einer Freiheitsstrafe ermäßigt sich
im Falle eines Mindestmaßes von zehn oder fünf Jahren auf zwei Jahre,
im Falle eines Mindestmaßes von drei oder zwei Jahren auf sechs Monate,
im Falle eines Mindestmaßes von einem Jahr auf drei Monate,
im Übrigen auf das gesetzliche Mindestmaß.

§ 27 Beihilfe
(1) Als Gehilfe wird bestraft, wer vorsätzlich einem anderen zu dessen vorsätzlich begangener rechtswidriger Tat Hilfe geleistet hat.
(2) Die Strafe für den Gehilfen richtet sich nach der Strafdrohung für den Täter. Sie ist nach § 49 Abs. 1 zu mildern.

DER FALL EMILIA – EIN EHRENMORD?

1. Arbeiten Sie Gemeinsamkeiten und Unterschiede des Bonner Ehrenmords mit dem Fall Emilia heraus.

TÖTUNG DER TOCHTER NICHT ALS MORD GEWERTET

JUSTIZ Im sogenannten Ehrenmord-Prozess verurteilt Schwurgericht den Vater wegen Totschlags zu acht Jahren Haft. Freispruch für Neffen. Schwester des Opfers zeigte Tat nach 12 Jahren an und versteckt sich seitdem in Todesangst

BONN. Es ist fast 15 Jahre her, dass die 17-jährige Waffa H. aus Bad Godesberg spurlos verschwand. Einige Monate später übertrug ihr Vater das Sorgerecht für seine Tochter auf das Jugendamt, da er angeblich keinen Einfluss mehr auf sie habe. Doch zwölf Jahre später meldete Waffas ältere Schwester Nourig der Polizei: Der Vater habe Waffa zusammen mit zwei Neffen im August 1993 getötet, weil sie die Familienehre verletzt habe. Ihr hätten die drei mit dem Tode gedroht, falls sie nicht schweige. Wegen Mordes wurden der Vater und einer der Neffen angeklagt, und gestern verkündete das Schwurgericht sein Urteil: Der 66-jährige gebürtige Syrer Ali H. wird wegen Totschlags zu acht Jahren Haft verurteilt. Sein Neffe wird freigesprochen und erhält Haftentschädigung. Vor ihm hat Nourig A., wie sie sagte, die größte Angst.

Was Staatsanwältin Karen Essig von dem Urteil hält, ist ihr deutlich anzusehen. Sie hatte für den Vater lebenslänglich wegen heimtückischen Mordes aus niedrigen Beweggründen gefordert und für den Neffen neun Jahre Haft wegen Beihilfe. Sie hat keinen Zweifel daran, dass die Tötung des Mädchens geplant und die Grube bei Asbach zuvor gegraben worden war, so wie Waffas Schwester Nourig geschildert hatte. Die heute 35-Jährige lebt seit ihrer Anzeige in Angst um ihr Leben – in Anonymität und an geheimem Ort. Ihrer Aussage zufolge wurde sie in der Tatnacht vom Vater geweckt und ins Wohnzimmer geführt, wo die Cousins waren – und ihre Schwester Waffa tot mit einem Seil um den Hals auf dem Sofa lag. Sie musste an einem Seilende ziehen und wurde mit den Worten bedroht: „Dir geht es genauso, wenn du nicht schweigst und nach unseren Regeln lebst." Später habe der Vater ihr Einzelheiten des Mordes geschildert und gesagt, ohne die Neffen hätte er das nie geschafft. Wegen der Gefährdungslage setzte die Polizei einen verdeckten Ermittler ein, und dem gestand der Vater die Tat schließlich im Rahmen einer fingierten Erpressung, nahm jedoch alle Schuld auf sich.

Im Prozess schwieg der 66-Jährige zunächst und gestand am Ende nur einen Totschlag im Affekt: Als Waffa in jener Nacht heimgekommen und auf seine Vorhaltungen gesagt habe, sie schlafe, mit wem sie wolle, habe er sie völlig außer sich mit seinen bloßen Händen erwürgt. Dann habe er seine Neffen angerufen, damit sie ihm bei der Beseitigung der Leiche helfen.

Diese Geschichte bezeichnet Schwurgerichtsvorsitzender Udo Buhren nun als unwiderlegbar, da man Nourig A. nur glaube, was sie in der Nacht selbst erlebt habe, auch die Tötung mit dem Seil, die der Vater ja wiederum bestreitet, da er im Affekt gehandelt haben will. Nicht glaubhaft sind für das Gericht hingegen die Einzelheiten, die Nourig nach der Tat erfahren haben will. Ihr Anwalt Reinhold Birkenstock erklärt nach dem Urteil, seine Mandantin denke heute vor allem an ihre Schwester. Sie sei froh, dass der Vater die Tötung gestanden und die Justiz den Fall aufgearbeitet habe. Sie bedauere jedoch, dass ihr Vater sich die ganze Zeit hinter den Verteidigern versteckt habe. Über eine Revision denke man erst einmal nach. Das tut nun auch Staatsanwältin Essig.

2. Bewerten Sie den Fall Emilia. Handelt es sich um einen Ehrenmord?

WIE ES WEITERGEHT …

1. Lesen Sie den zweiten Auftritt des Stückes von Johann Jakob Bodmer, in dem das Wiedersehen von Odoardo mit seiner Frau Claudia beschrieben wird. Markieren Sie Stellen, die Ihnen besonders gelungen bzw. besonders problematisch erscheinen.

ODOARDO. Sammle die Kräfte deiner weichlichen Seele zusammen, Claudia, lass dich von dem Gedanken erheben, dass du Claudia Galotti bist, Odoardos Vermählte; sei, wie Odoardos Frau sein soll.

CLAUDIA. Heilige Jungfrau! welcher Gruß, welche Anrede! wo haben sie Emilien gelassen?

ODOARDO. Sei ruhig, wie du mich ruhig siehst. Der Mann von starker Seele, der biedere und gute, voller treuherziger Redlichkeit, und heißer Ehrliebe hat gesieget – es war ein schwerer Kampf – über den Vater gesieget.

CLAUDIA. Wie rätselhaft! wo ist meine Emilia? ist sie noch bei dem Prinzen?

ODOARDO. Sie ist an einem Orte, wo der Prinz von Guastalla sie nicht, – wo kein Prinz, keine Gewalt sie erreichen, ihr beikommen kann; sie ist sicherer verwahrt, als wenn sie an die Brust ihrer Mutter, an die Seite Odoardos gelehnet sein würde.

CLAUDIA. Nicht mehr in der Gewalt des verliebten Prinzen! Habe Dank, Mutter des Heilandes, habe Dank, unbefleckte Jungfrau und Mutter, für die Rettung des unschuldigen, tugendhaften Kindes. Führen Sie mich bald zu ihr; dieses Haus, dieses Zimmer, wo Emilia nicht ist, ist mir eine Wüste; bringen Sie mich zu ihr; und wenn Sie sie in die Dunkelheit eines menschenlosen Waldes gerettet haben, so soll der Wald mir Elysium sein.

ODOARDO. Ha! sie ist in einem bessern Elysium; aber von hier entfernt, so weit die Erde von dem Himmel ist; und die Wege dahin gehen durch Schmerzen und Blut.

CLAUDIA *(indem sie auf den Sofa fällt)*. O weh, weh mir armen, unglücklichen Mutter! ich verstehe dich; Emilia ist tot! ach! meine Liebe, mein Kind ist nicht mehr!

ODOARDO. Eine Rose ist gebrochen, ehe der Sturm sie entblättert hat.

CLAUDIA. Gott, Gott! ich soll mein Kind nicht mehr haben! das Herz bricht mir.

ODOARDO. Ha! sie wollte nicht leiden, was sie nicht sollte, nicht dulden, was sie nicht durfte. Die Natur wollte ihr Meisterstück machen, aber sie vergriff sich im Ton, sie nahm ihn zu fein, und Emilia war eine männliche Seele in weiblichen Gliedmaßen. Der Prinz wollte sie reißen; wollte sie brechen; aber sie hatte einen Willen, der Willen war Tugend, und dem Willen folgte sie. Sie konnte – sterben.

CLAUDIA. Sterben! – und ich lebe! und du rettetest sie nicht.

ODOARDO. Ich rettete sie von der Schande. Ehedem gab es einen Vater, der seine Tochter von der Schande zu retten, ihr den ersten besten Stahl in das Herz senkte; noch einen solchen Vater hat es gegeben; ich gab ihr das Leben, das Leben ohne Schande, zum zweiten Mal.

CLAUDIA. Meine Sinne, mein Haupt, sind dunkel. Du hast doch deine Tochter nicht mit des Vaters Hand – – – Grausamer Vater, wenn ich recht verstehe!

ODOARDO. Du bist nicht von dem Tone gemacht, von welchem der Himmel deine Tochter gebildet hat. Er knetete dein Herz von neu geschwungener Milch, und legte die weiblichste Seele darein. Albernes, furchtsames Ding, du begreifst nicht, dass man leben kann, und lebend schlimmer ist als tot. Oder du wolltest sie lebend haben, ob sie schon die Schande, den grausamsten Tod lebete.

CLAUDIA. Was kann ich mehr denken, als dass Emilia nicht lebt; Emilia ist nicht mehr da; wo ich ohne sie bin, da ist Finsternis und Nacht um mich.

ODOARDO. Dieses Winseln ist ansteckend. Lasse Gott mich nicht so fallen, dass ich nicht der Mann bleibe. *(Er geht an die Tür, und ruft Lauren.)* Eine große Schwachheit hat deine Frau überfallen, Laura; bring sie in ihr Zimmer, und ruf ihre Geister durch geistige Essenzen zurück.

JOHANN JAKOB BODMER: Odoardo Galotti, Vater der Emilia. Augsburg 1778, S. 7–11.

2. Bewerten Sie Bodmers Fortsetzung der „Emilia Galotti“: Halten Sie sie für angemessen?

3. SPRACHE UND STIL

EINFÜHRUNG

Neben inhaltlichen Kontroversen gab Lessings Drama in sprachlicher und formaler Hinsicht Anlass zu mitunter signifikant unterschiedlichen Bewertungen. Dabei kreisen die Einschätzungen im Wesentlichen um drei vermeintliche Gegensatzpaare: die Sprache der Frauen vs. die Sprache der Männer, die Sprache des Adels vs. die Sprache des Bürgertums, die Sprache der Leidenschaft vs. die Sprache der Logik. Zahlreiche Interpreten versuchten, die jeweiligen Etikettierungen mit Merkmalen zu füllen und voneinander abzugrenzen. Dies ist allerdings nur teilweise vielversprechend, besteht ein Charakteristikum des lessingschen Trauerspiels doch eben in einer differenzierten Darstellung, inhaltlich wie sprachlich.

Hinzu kommt ein vielfach nicht ausreichend gewürdigtes Faktum, das auch für die sprachliche Gestaltung von Bedeutung ist: „Lessings drittes Trauerspiel erscheint in einer Zeit des literarischen Übergangs" (Peter-André Alt: Tragödie der Aufklärung. Eine Einführung. Tübingen u. a. O. 1994, S. 251). Während Lessing seine „Emilia" vollendet, entstehen die Shakespeare-Aufsätze Goethes und Herders. Goethes „Götz von Berlichingen" erscheint nur ein Jahr darauf. Die emotional gefärbte Genie-Zeit, der „Sturm und Drang", kündigt sich an.

In Lessings Drama lassen sich Spuren dieses Wandels erkennen. Anders als noch in „Miss Sara Sampson" ist die sprachliche Gestaltung der Dialoge entscheidend durch die Gefühle und die emotionale Situation bestimmt. „Satzbrüche, Versprecher, Wiederholungen, Gedankensprünge und Assoziationen gehören zum Repertoire dieser neuen Dramensprache" (Peter-André Alt, S. 257) – über die Grenzen von Geschlecht und Stand hinweg.

Bezüglich des Aufbaus der „Emilia" wurde die Diskussion vor allem durch das Diktum Friedrich Schlegels geprägt, welcher ein „Exempel der dramatischen Algebra" zu erkennen glaubte (Friedrich Schlegel: Werke. Kritische Friedrich-Schlegel-Ausgabe, Bd. 2. München u. a. O. 1958, S. 116). Eine eingehende Analyse kann dieses Votum nur zum Teil bestätigen.

Lernziele

- Die Schüler werden zu einer differenzierten, textgestützten und inhaltsbezogenen Sprach- und Formanalyse angeleitet.
- Sie erkennen die Zusammenhänge zwischen der sprachlichen und der inhaltlichen Ebene eines Werkes.
- Sie lernen gängige Modelle der Kommunikationsanalyse kennen und wenden diese auf den Dramentext an.

Zur Kopiervorlage Seite 48: VERSTEHE ICH SIE DA RICHTIG?

Die Kooperationsbereitschaft der sprachlich Handelnden voraussetzend, erstellte der englische Philosoph Herbert Paul Grice (1913–1988) ein Raster von vier Maximen, die für den erfolgreichen Ablauf sprachlicher Kommunikation beachtet werden müssen: die Maximen der Quantität, der Qualität, der Relevanz und der Modalität. Wenngleich diese in den letzten Jahren kontrovers diskutiert und partiell revidiert wurden, bieten sie noch immer ein brauchbares Instrumentarium zur pragmatischen Sprachanalyse, d. h. zur Untersuchung der Sprache in ihrem Gebrauch.

Die auf dem Arbeitsblatt aufgeführten Konversationsmaximen können im Unterrichtsgespräch gemeinsam erarbeitet werden. Dafür bieten sich folgende Beispiele an, die den Schülern mit der Aufgabe, die Problematik der jeweiligen Antworten zu erklären, präsentiert werden:

Beispiel 1:
Frage: Wie viele Kühe hat der Bauer?
Grundannahme: Er hat zwölf Kühe.
Antwort: Er hat etwa zehn Kühe. (Verstoß gegen die Maxime der Quantität → Tatsächlich ist die Aussage nicht falsch, aber sie ist nicht genau genug.)
Beispiel 2:
Frage: Bist du heute Abend zu Hause?
Grundannahme: Der Gefragte ist sicher, dass er zu Hause sein wird.
Antwort: Nein, ich habe leider einen Termin. (Lüge oder Ausrede als Verstoß gegen die Maxime der Qualität)
Beispiel 3:
Frage: Wie viele Kühe hat der Bauer?
Antwort: Schweine mag ich lieber als Kühe. (Verstoß gegen die Maxime der Relevanz)
Beispiel 4:
Frage: Wie bereite ich den Kuchen zu?
Antwort: Den Teig kneten, Butter, Zucker, Eier und Mehl in eine Schüssel geben, das Ganze etwa eine Stunde bei 200 Grad backen, den Teig in die Kuchenform geben, die Kuchenform fetten, Schokolade hinzufügen. (Ungeordnetheit als Verstoß gegen die Maxime der Modalität)

Zunächst wenden die Schüler die Maximen auf drei Alltagssituationen an, in einem zweiten Schritt im Rahmen einer sprachlichen Analyse zweier für die dramatische Handlung relevanter Dialoge. Diese Auseinandersetzung kann in eine Dialoganalyse münden (siehe auch KV Seite 49 / 50). Die Analyse des Dialogs zwischen Appiani und Marinelli (II, 10) zeigt zudem Merkmale höfischer Sprache (siehe auch weiterführende Anregungen Seite 43).

Lösung

Aufgabe 1

1. Situation: Verstoß gegen die Maxime der Qualität (Ironie); Gründe: humorvolle Reaktion / Spott, evtl. Abmilderung des Fehlers; mögliche Erwiderung: „Ich weiß, eine meiner Stärken!"
2. Situation: Verstoß gegen die Maxime der Quantität (ein Teil der erfragten Information fehlt); Gründe: Tina möchte nicht, dass Tom ihren genauen Geburtstag kennt (bewusste Reaktion); Tina hat die Frage anders verstanden (unbewusste Reaktion); mögliche Erwiderung: „Verrätst du mir auch noch den Tag?"
3. Situation: Verstoß gegen die Maxime der Modalität (Unklarheit, Mehrdeutigkeit); Gründe: Tina möchte sich eigentlich gar nicht mit Tom treffen (Ausweichen); Tina möchte sich schon treffen, überlegt aber, wie sie den Termin noch unterbringen kann; mögliche Erwiderung: „Heißt das jetzt ja oder nein?"

Aufgabe 2

Der Prinz verstößt mit seinem „Freibrief" gegen die Maxime der Quantität, indem er nicht klar sagt, welche Mittel Marinelli verwenden soll.

Für die Bewertung der Schuldhaftigkeit ist entscheidend, ob es sich um einen bewussten Verstoß handelt: Nennt der Prinz absichtlich keine Einschränkungen für Marinellis Vorgehen und nimmt die negativen Folgen seiner Äußerung in Kauf? Wenn man davon ausgeht, dass der Prinz weiß, wie skrupellos sein Kammerherr ist, ist sein Verstoß eher als schuldhaft zu bewerten.

Aufgabe 3

Zu Beginn des Dialogs finden sich Verstöße bei Marinelli gegen die Maximen der Qualität und der Modalität (Weitschweifigkeit), z. B.: „[W]enn Graf Appiani nicht mit Gewalt einen seiner ergebensten Freunde in mir verkennen will – –". Mit seinen „höfischen" Schmeicheleien versucht er Appiani dazu zu bewegen, die Hochzeit zu verschieben. Als er glaubt, sein Ziel erreicht zu haben („Allerdings.", S. 36, Z. 17), bringt er sein Anliegen direkt zur Sprache, das bei Appiani so große Empörung hervorruft, dass er nicht mehr bereit ist, angemessen auf seinen Gesprächspartner einzugehen. Er stellt irrelevante Gegenfragen („Mit Ihnen?", S. 36, Z. 31), äfft seinen Gesprächspartner nach („Und dann? – und dann?", S. 37, Z. 4; „Die guten Eltern?", S. 38, Z. 1) und beleidigt ihn („Ihre Frage ist auch verzweifelt naiv.", S. 37, Z. 4 / 5; „Sie sind mit Ihrem Ja wohl – ja wohl ein ganzer Affe!", S. 38, Z. 3 / 4). Damit verstößt er gegen die Maxime der Relevanz.

Weiterführende Anregungen

- Die Schüler untersuchen das sprachliche Handeln im Trauerspiel unter folgender Fragestellung: „Ist ‚Drumherum-Reden' ein allgemeines Merkmal des lessingschen Trauerspiels oder ein Spezifikum des Adels?" Die Bewertung der jeweiligen Sprachverwendungen kann auch als Ausgangspunkt für die Frage nach den Funktionen von Sprache (Information / Darstellung, Ausdruck, Appell – Überredung / Überzeugung) genutzt werden.
- Die Schüler übertragen das Gespräch zwischen Odoardo Galotti und dem Prinzen (V, 5) in moderne Sprache, ohne den Inhalt des Gesagten zu verändern. Entscheidend bei dieser Aufgabe ist die Reflexion des Übersetzungsprozesses: Die Umformung der Rede des Prinzen bereitet u. U. größere Probleme. Dies lässt sich darauf zurückführen, dass die Sprache des Prinzen deutlich verschlüsselter ist, stärker umschreibt und häufiger die Themen und Positionen wechselt. Damit verstößt er mehrfach gegen die gricesche Maxime der Modalität. Die Schüler vergleichen nun die Sprache Marinellis und Prinz Hettores, um daraus Merkmale höfischen Sprechens abzuleiten.
- Die Schüler beurteilen das sprachliche Handeln der Figuren des Trauerspiels in Bezug auf das Kriterium der Aufrichtigkeit und stufen diese – ausgehend von konkreten Textbelegen – auf einer Skala von 0 (völlig unaufrichtig) bis 5 (sehr aufrichtig) ein.
- Die Schüler ermitteln weitere Verstöße im Verlauf des Dramas. In diesem Zusammenhang kann der Dialog zwischen Orsina und Odoardo (IV, 7) besprochen und vergleichend bewertet werden. (Verstoß gegen die Maxime der Modalität)
- Zudem kann das sprachliche Handeln der Figuren unter dem antonymischen Begriffspaar „Aufklärung – Verschleierung" betrachtet werden. Hierbei bietet sich ein Vergleich des sprachlichen Handelns Marinellis (III, 1), Orsinas (IV, 7) und des Prinzen (III, 5 und V, 5) an.

Zu den Kopiervorlagen Seiten 49 / 50: ZWISCHEN DEN ZEILEN

Ein Modell, das bei einer Dialoganalyse zugrunde gelegt werden kann, ist das Kommunikationsquadrat Friedemann Schulz von Thuns. Hinführend kann das Modell zunächst anhand von Alltagssituationen zwischen Mann und Frau erarbeitet werden. Hierfür eignen sich z. B. folgende Sätze: Der Beifahrer sagt zur Frau, als die Ampel auf Grün umspringt: „Es ist grün."; Der Ehemann fragt seine Frau beim Mittagessen: „Was ist denn das Grüne da in der Suppe?" Auch der kurze Sketch „Das Frühstücksei" von Loriot eignet sich als Vorbereitung auf die Dialoganalyse.

Anhand ausgewählter Zitate untersuchen die Schüler anschließend auf der Kopiervorlage den ersten Teil des Dialogs zwischen den Eheleuten Galotti (II, 4). Um einen Austausch zu ermöglichen, bietet es sich an, vor allem die erste Aufgabe in Kleingruppen erarbeiten zu lassen. Auch ein arbeitsteiliges Vorgehen – d. h. pro Gruppe wird nur ein Zitat untersucht – ist denkbar. Anschließend werden die Ergebnisse zusammengetragen und zunächst im Unterrichtsgespräch ausgewertet. Wesentliche Ergebnisse sollten schriftlich festgehalten werden.

Auf dieser Grundlage untersuchen die Schüler analog den Verlauf des zweiten Teil des Dialogs. In einer schriftlichen Dialoganalyse nach vorgegebenen Kriterien (siehe Seite 50) werden die Ergebnisse beider Analysen mithilfe vorgegebener Leitfragen zusammengefasst und erweitert.

Lösung Seite 49

Aufgabe 1

(A) Sachinhalt: Der Graf ist ein würdiger Schwiegersohn.
Selbstoffenbarung: Ich befürworte seinen Plan, auf dem Land zu leben.
Beziehung: Du bist da anderer Meinung.
Appell: Nimm dir ein Beispiel an Appiani.

(B) Sachinhalt: Emilia wird weit von uns entfernt leben.
Selbstoffenbarung: Ich bin darüber sehr traurig.
Beziehung: Ich glaube, dass du über so etwas gar nicht nachdenkst.
Appell: Könnte Emilia doch in unserer Nähe bleiben!

(C) Sachinhalt: Emilias Erziehung in der Stadt war nur ein Vorwand für die Erfüllung deiner eigenen Wünsche.
Selbstoffenbarung: Ich halte es für unangemessen, dass du nicht mit mir zusammenwohnst.
Beziehung: Du bist selbstsüchtig.
Appell: Zieh zu mir aufs Land!

(D) Sachinhalt: Hier hat Emilia ihren Ehemann kennengelernt.
Selbstoffenbarung: Ich stehe weiterhin zu meiner Lebensführung.
Beziehung: Du beurteilst das Leben in der Stadt zu einseitig.
Appell: Versuch doch, auch andere Meinungen gelten zu lassen!

(E) Sachinhalt: Jetzt können die beiden zusammen auf dem Land leben.
Selbstoffenbarung: Ich weiche nicht von meiner Position ab. / Ich weiß, was richtig ist.
Beziehung: Du hast unrecht.
Appell: Wage es nicht, Emilia Flausen in den Kopf zu setzen! Nimm dir diese Lebensform zum Vorbild.

Aufgabe 2

Sachebene: Gespräch über die geeignete Lebensform für Emilia und den Grafen Appiani; Selbstoffenbarungsebene: Odoardo präsentiert sich als entschiedener Verfechter des Lebens auf dem Lande, Claudia verteidigt die Vorteile des Lebens in der Stadt; Beziehungsebene: Odoardo hält Claudia für selbstsüchtig und wirft ihr ihre Lebensweise vor, Claudia hält Odoardo für verbohrt und kompromisslos; Appellebene: Odoardo möchte, dass Claudia akzeptiert, dass Emilia auf dem Land leben wird, und sie indirekt dazu bewegen, zu ihm aufs Land zu ziehen, Claudia möchte Odoardo dazu bringen, ihre Lebensform zu akzeptieren.

Lösung Seite 50

Aufgabe 1

Sachebene: Claudia informiert Odoardo über Emilias Begegnung mit dem Prinzen; Selbstoffenbarungsebene: Claudia ist stolz und erfreut, dass ihre Tochter die Gunst des Prinzen gewonnen hat, Odoardo vermutet einen Angriff auf die Tugend seiner Tochter und ist entsetzt; Beziehungsebene: Claudia möchte Odoardo zeigen, dass er unrecht hat, Odoardo sieht sich in der Einschätzung seiner Frau bestätigt; Appellebene: Claudia hofft bis zum Ende des Dialogs, dass Odoardo in seiner Einschätzung des Hoflebens einlenken wird, Odoardo macht seiner Frau den Vorwurf, ihn nicht rechtzeitig eingeweiht zu haben.

Aufgabe 2

- Gesprächsabsicht Odoardos: Claudia von den (moralischen) Vorzügen des hoffernen Lebens auf dem Lande zu überzeugen, Gesprächsabsicht Claudias: Odoardo von den Vorzügen des Lebens in der Stadt (auch als geeignetes Lebensmodell für Emilia) zu überzeugen → Keiner von beiden erreicht sein Ziel. Das zunächst argumentative Gespräch endet fast in einem Streit, der nur durch Odoardos Abgang verhindert wird.
- Im gesamten Gespräch Dominanz Odoardos: im ersten (argumentativeren) Teil durch größeren Gesprächsanteil, im zweiten (emotionaleren) Teil durch Wutausbruch und Abgang; Claudia versucht stärker zu vermitteln und schätzt ihren Ehemann vor allem im zweiten Teil falsch ein.
- Wendepunkt mit Claudias Information über Emilias Begegnung mit dem Prinzen (S. 26, Z. 9 / 10), auch „äußerlich“ festzumachen an Odoardos Bitte, das Pferd zu holen (S. 26, Z. 1 / 2): Themenwechsel, zunehmende Emotionalität Odoardos (rhetorische Fragen, die in einen Wutausbruch münden), zunehmendes Unverständnis der beiden Gesprächspartner
- Ergebnis des Gesprächs: Die Kommunikation ist gescheitert. Vor allem Odoardo fühlt sich in der Richtigkeit seiner eigenen Position und in der Einschätzung seiner Frau bestätigt. Claudia scheitert bei dem Versuch, ihrem Mann „die Hand zu reichen“, ist aber auch nicht bereit, von ihrer Position abzuweichen.

Aufgabe 3

Die Ehepartner sind einander zwar zugetan, gehen aber gleichzeitig sehr distanziert miteinander um, was sich auch in der räumlichen Trennung widerspiegelt. Grund sind unterschiedliche Werte und Lebensauffassungen, von denen beide nicht abweichen wollen. Dass Odoardo und Claudia nicht an einem Strang ziehen (Claudia weiht Odoardo erst verzögert in die Avancen des Prinzen ein; Odoardo schickt seine Frau in IV, 8 allein zurück in die Stadt), trägt mit zur Katastrophe bei.

Weiterführende Anregung

Ausgehend von dem Dialog zwischen den Eheleuten Galotti kann überprüft werden, inwieweit Odoardo und Claudia Merkmale typisch männlichen bzw. weiblichen Sprechverhaltens aufweisen. Kriterien können z. B. anhand von sprachwissenschaftlichen Texten wie Auszügen aus Deborah Tannens „Du kannst mich einfach nicht verstehen" erarbeitet werden. Diese können auch auf weitere Dialoge angewendet werden: III, 8 (Claudia und Marinelli), IV, 3 und IV, 5 (Orsina und Marinelli), IV, 7 (Orsina und Odoardo), wobei sich im Vergleich zeigt, dass das sprachliche Handeln der Figuren nicht geschlechtsspezifisch, sondern entscheidend vom Kontext geprägt ist.

■ Zu den Kopiervorlagen Seiten 51/52: SARA UND EMILIA IM DIALOG

Mit diesen Kopiervorlagen erhalten die Schüler die anspruchsvolle Aufgabe, die sprachliche bzw. stilistische Gestaltung der „Emilia Galotti" und der „Miss Sara Sampson" miteinander zu vergleichen.

Als Einstieg in die sprachliche Analyse kann der emotional aufgeladene Monolog Odoardos (V, 6) gemeinsam diskutiert werden: Wie wirkt er auf den Leser? Wie erklärt sich diese Wirkung? Falls nötig, sollten in diesem Zusammenhang die wichtigsten Stilmittel wiederholt werden.

Anhand eines kurzen Ausschnitts aus einer Interpretation Peter J. Brenners erhalten die Schüler erste Anhaltspunkte für eine sprachliche Analyse der beiden Dramenszenen. Diese kann aufgrund der Komplexität der Aufgabe in einem ersten Schritt arbeitsteilig erfolgen und der Vergleich im Anschluss daran gemeinsam durchgeführt werden. Dabei sollte darauf geachtet werden, dass die Funktion der tabellarisch aufgelisteten sprachlichen Besonderheiten unter Berücksichtigung des Kontextes benannt wird. Die abschließende Überprüfung der eingangs herausgearbeiteten literaturwissenschaftlichen Position dient der Zusammenfassung der Ergebnisse. Weiterführend können auch weitere Szenen als Belege für die Beobachtungen der Schüler herangezogen werden.

Die im Rahmen des Vergleichs notwendige genaue Textarbeit führt zu zwei zentralen Erkenntnissen:

1. Viele Stilmittel sind ambivalent. So können Wiederholungen zum einen der Untermauerung einer logischen Argumentation dienen, zum anderen die Emotionalität einer Figur unterstreichen. Eindimensionale Zuordnungen von Stilmittel und Funktion ohne Berücksichtigung des Kontextes sind somit zu vermeiden.
2. Die Bewertung der sprachlichen Gestaltung ist untrennbar mit der inhaltlichen Ebene verbunden, welche vice versa von der sprachlichen Ebene beeinflusst wird. In einer gelungenen Szenenanalyse sind beide Ebenen miteinander zu verbinden.

Lösung

Aufgabe 1

Kennzeichnend für die „Emilia Galotti": Verknappung des Dialogs, Überstürzung, Unterbrechung → Affektsprache

Aufgaben 2 und 3

	Miss Sara Sampson	**Emilia Galotti**
Länge der Sätze/Wortbeiträge	Wechsel von längeren und kürzeren Sätzen; langer zusammenhängender Wortbeitrag des Vaters	überwiegend kurze, elliptische Sätze; häufiger Wechsel von Rede und Gegenrede
Satzarten	überwiegend Aussagesätze, im zweiten Teil auch Reihungen von Frage- und Ausrufesätzen	überwiegend Frage- und Ausrufesätze
Formen der Satzverbindung	Wechsel von Hypotaxe und Parataxe, syndetischen und asyndetischen Reihungen	überwiegend parataktischer Stil, asyndetische Reihungen
häufig verwendete Stilmittel	Antithesen (eine gestrafte Tochter – einem zärtlichen Vater, Z. 7/8) Anaphern („Du wirst leben; du wirst noch lange leben!", Z. 29/30) Wiederholungen („Tadle mich, [...] tadle mich", Z. 25/26) rhetorische Fragen („Warum vergab ich dir nicht gleich?", Z. 14)	rhetorische Fragen („Wer bist du? Ein Mädchen? und meine Tochter?", S. 84, Z. 8) Anaphern („Ich stehe für nichts. Ich bin für nichts gut.", S. 85, Z. 28/29) Wiederholungen („Ich allein in seinen Händen? [...] Ich allein in seinen Händen?", S. 84, Z. 25–27) Metaphern („Ein unbekannter Freund, ist auch ein Freund.", S. 86, Z. 2/3)

In beiden Texten werden asyndetische parataktische Reihungen verwendet. Rhetorische Fragen, Anaphern und Wiederholungen sind die am häufigsten verwendeten Stilmittel. Der Unterschied ist somit ein gradueller: Während diese Satzformen und Stilmittel in der „Miss Sara Sampson" punktuell eingesetzt werden, um die emotionale Bewegtheit Sir Williams zu unterstreichen, ziehen sie sich in der „Emilia Galotti" durch den gesamten Dialog und weisen eine Vielfalt an Funktionen auf. So unterstreicht die rhetorische Frage nicht nur die Hilflosigkeit der Figuren („Ich allein in seinen Händen?", S. 84, Z. 25), sondern wird auch argumentativ verwendet („Die Hände in den Schoß legen? Leiden, was man nicht sollte? Dulden, was man nicht dürfte?", S. 84, Z. 32–34). Insgesamt spielt „verschlüsseltes" Sprechen eine größere Rolle als in der „Miss Sara Sampson", was sich u. a. an den zahlreichen Metaphern festmachen lässt. Somit lassen sich die Thesen Peter J. Brenners bestätigen.

Zur Kopiervorlage Seite 53: EIN „EXEMPEL DER DRAMATISCHEN ALGEBRA“?

Diese Kopiervorlage schlägt den Bogen von der sprachlichen zur formalen Betrachtung des lessingschen Trauerspiels. Insbesondere für die gymnasiale Oberstufe ist der Bereich der Literaturtheorie eine notwendige Ergänzung für die Erarbeitung des Dramas.

Das Arbeitsblatt bietet einen kurzen zusammenfassenden Text, aus dem die Schüler die Merkmale der Aristotelischen Dramenlehre herausarbeiten und überprüfen, inwieweit Lessing diese in seiner „Emilia“ berücksichtigt und umgesetzt hat. Hervorzuheben sind in diesem Kontext vor allem die Abweichungen: Neben der Durchbrechung der Einheit des Ortes ist die Abkehr von der Ständeklausel entscheidend. An diesem Punkt ist das Konzept des „Bürgerlichen Trauerspiels“ sinnvoll einzubinden.

Problematisch ist die Identifizierung des Wendepunkts des Stückes: Kündigt sich dieser bereits im Gespräch zwischen Marinelli und Claudia (III, 8) an oder markiert erst das Eingreifen Orsinas (IV, 7) die Wende?

Die Frage, inwiefern Lessings Drama einen kathartischen Effekt ausüben kann, leitet schließlich zur nachfolgenden Bewertung des Dramas über (siehe auch KV „Lessings Trauerspiel – ein eingelöster Anspruch?“, Seite 54).

Mögliche Einstiege

- Zum einen kann ein Brainstorming zum Begriff „Drama“ durchgeführt werden. Dieses lässt sich durch die Präsentation einer Schlagzeile, die mit dem Begriff operiert, einleiten. Ein Beispiel: Am 28. 7. 2009 verarbeitete die Süddeutsche Zeitung (siehe unter *https://www.sueddeutsche.de/sport/fluegel-flitzer-das-bayern-drama-mir-doch-wurscht-1.156212* den Streit um den Wechsel des Fußballers Franck Ribéry von Bayern München zu Real Madrid folgendermaßen: *Flügelflitzer: Das Bayern-Drama – „Mir doch wurscht!“ – Der Fall Beckenbauer: Wie der Vorstand des FC Bayern versucht, die Situation um Franck Ribéry wieder unter Kontrolle zu bringen. Ein Drama.*
- Zum anderen kann ein Auszug aus einer Aristoteles-Übersetzung präsentiert und besprochen werden: „Die Tragödie ist die Nachahmung einer edlen und abgeschlossenen Handlung von einer bestimmten Größe in gewählter Rede, derart, dass jede Form solcher Rede in gesonderten Teilen erscheint und dass gehandelt und nicht berichtet wird und dass mithilfe von Mitleid und Furcht eine Reinigung von eben derartigen Affekten bewerkstelligt wird.“

Lösung

Aufgabe 1

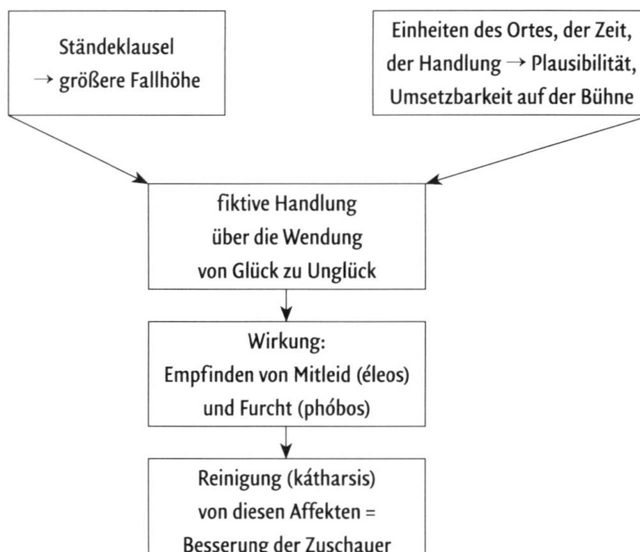

Aufgabe 2

Entscheidende Abweichungen Lessings von Aristoteles' Dramenlehre sind die Durchbrechung der Einheit des Ortes und der Handlung sowie besonders die Aufhebung der Ständeklausel. Die „bürgerliche“ Emilia steht im Mittelpunkt des dramatischen Geschehens. Lessing bietet ein „Exempel einer *modernisierten* dramatischen Algebra“: das bürgerliche Trauerspiel.

Zur Kopiervorlage Seite 54: LESSINGS TRAUERSPIEL – EIN EINGELÖSTER ANSPRUCH?

Diese Kopiervorlage fokussiert nochmals die Frage nach der Funktion und Wirkung des Dramas im Allgemeinen. Lessing formuliert in dem hier abgedruckten Brief an Nicolai den Anspruch, dass das Trauerspiel den Menschen durch die Entwicklung der Mitleidsfähigkeit bessern soll. Die Diskussion dieses Postulats setzt bei der Frage an, ob Lessing dieses Ziel aus Sicht der Schüler erreicht (siehe hierzu auch die Literaturkritik Jakob Mauvillons, KV Seite 59). Ergiebige weiterführende Fragen sind:

- Warum scheitert dieser Anspruch?
- Gibt es heute Instanzen, die einer Besserung der Menschen dienen (sollen)?
- Bedarf es einer Instanz zur Besserung der Menschen?
- Wie kann man eine Besserung der Menschen erreichen?

Möglicher Einstieg

Ein Einstieg in die Thematik ergibt sich aus der Präsentation und Diskussion eines oder mehrerer vorgegebener Zitate. Hängen Sie verschiedene Meinungsäußerungen zum „Theater" im Klassenzimmer auf, die Schüler positionieren sich dann bei der ihrer Meinung nach treffendsten. Alternativ können die Zitate an der Tafel oder am Whiteboard aufgehängt werden. Jeder Schüler erhält eine rote und eine grüne Karte, mit denen er seine Zustimmung oder Ablehnung bekunden kann.
Geeignete Zitate sind:

- „Das Theater ist die tätige Reflexion des Menschen über sich selbst." (Novalis)
- „Theater soll Spaß machen!"
- „Heute brauchen wir kein Theater mehr."
- „Theater ist Schule auf der Bühne."
- „Theater ist nur was für Intellektuelle."

Lösung

Aufgabe 1
Kernaussagen Lessings:

1. Das Trauerspiel soll die Zuschauer bessern.
2. Diese Besserung erfolgt über die Erregung von Mitleid beim Zuschauer.
3. Das Mitleid wird durch Schrecken erzeugt und mit Bewunderung verbunden.

→ Das Trauerspiel soll den Menschen „fühlbar" machen, d. h. zu tugendhaftem und humanem Denken und Handeln anregen.

VERSTEHE ICH SIE DA RICHTIG?

1. Untersuchen Sie die folgenden Situationen mithilfe der griceschen Konversationsmaximen.
a) Gegen welche Regel wird hier verstoßen?
b) Aus welchen Gründen findet dieser Verstoß wohl statt?
c) Wie könnte der Gesprächspartner reagieren, damit die Kommunikation gelingt?

Tom lässt einen Teller fallen. Tina sagt: „Du bist aber geschickt!"

Tom fragt: „Wann hast du denn Geburtstag?" Tina antwortet: „Im Januar."

Tom fragt: „Wollen wir uns morgen treffen?" Tina antwortet: „Im Prinzip schon."

Die Konversationsmaximen nach Grice

1. Maxime der **Quantität**
   „Sage genau so viel wie nötig, nicht zu wenig und nicht zu viel!"
2. Maxime der **Qualität**
   „Sprich wahr! Sage nichts, wovon du glaubst, dass es falsch ist! Sage nichts, wofür du keine hinreichenden Anhaltspunkte hast!"
3. Maxime der **Relevanz**
   „Gib nur bedeutsame Informationen!"
4. Maxime der **Modalität**
   „Vermeide Unklarheit, Mehrdeutigkeiten, Weitschweifigkeit und Ungeordnetheit!"

nach PAUL H. GRICE: „Logic and Conversation". In: Peter Cole u. a. (Hg.): Syntax and Semantics, Bd. 3. New York 1975, S. 41–58.

2. Untersuchen Sie den folgenden Auszug aus dem Gespräch zwischen Marinelli und dem Prinzen (I, 6): Gegen welche Maximen wird hier verstoßen? Bewerten Sie diesen Verstoß im Hinblick auf die Schuldfrage.

MARINELLI. Wollen Sie mir freie Hand lassen, Prinz? Wollen Sie alles genehmigen, was ich tue?

DER PRINZ. Alles, Marinelli, alles, was diesen Streich abwenden kann.

3. Untersuchen Sie den Dialog zwischen dem Grafen Appiani und Marinelli (II, 10): An welchen Stellen wird gegen welche Konversationsmaximen verstoßen? Wie lassen sich diese Verstöße erklären?

ZWISCHEN DEN ZEILEN (1)

1. Übertragen Sie Friedemann Schulz von Thuns Kommunikationsmodell auf die folgenden Sätze aus dem ersten Teil des Dialogs zwischen Claudia und Odoardo (II, 4).

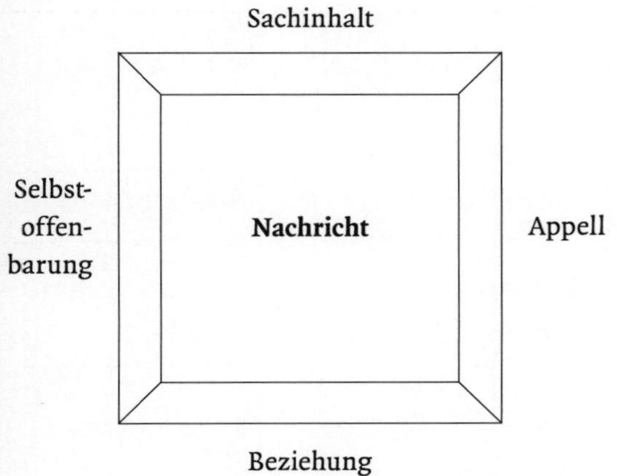

(A) ODOARDO. Alles entzückt mich an ihm. Und vor allem der Entschluss, in seinen väterlichen Tälern sich selbst zu leben.

(B) CLAUDIA. Das Herz bricht mir, wenn ich hieran gedenke. – So ganz sollen wir sie verlieren, diese einzige geliebte Tochter?

(C) ODOARDO. Du möchtest meinen alten Argwohn erneuern: – dass es mehr das Geräusch und die Zerstreuung der Welt, mehr die Nähe des Hofes war, als die Notwendigkeit, unserer Tochter eine anständige Erziehung zu geben, was dich bewog, hier in der Stadt mit ihr zu bleiben; – fern von einem Manne und Vater, der euch so herzlich liebet.

(D) CLAUDIA. Hier, nur hier konnte die Liebe zusammenbringen, was füreinander geschaffen war. Hier nur konnte der Graf Emilien finden; und fand sie.

(E) ODOARDO. Nun haben sie sich gefunden, die füreinander bestimmt waren: nun lass sie ziehen, wohin Unschuld und Ruhe sie rufen. –

2. Fassen Sie Ihre bisherigen Ergebnisse zusammen:
a) Worum geht es in dem Gespräch? (Sachebene)
b) Was verraten die beiden Sprecher in dem Gespräch über sich selbst? (Selbstoffenbarungsebene)
c) Was erfährt man über die Beziehung der Galottis? (Beziehungsebene)
d) Welche Redeabsicht verfolgen Claudia und Odoardo jeweils? (Appellebene)

ZWISCHEN DEN ZEILEN (2)

1. **Untersuchen Sie mithilfe des Kommunikationsmodells von Schulz von Thun den zweiten Teil des Dialogs zwischen dem Ehepaar Galotti (S. 26, Z. 9–36). Halten Sie Ihre Ergebnisse stichwortartig fest.**

2. **Untersuchen Sie den Gesprächsverlauf in Bezug auf folgende Fragestellungen:**
   - **Welche Absichten verfolgen die Gesprächspartner zu Beginn? Gibt es eine Entwicklung oder Veränderung? Wer erreicht sein Ziel?**
   - **Wer dominiert das Gespräch? Gibt es hier eine Entwicklung oder Veränderung?**
   - **Wie entwickelt sich das Gespräch insgesamt: Fallen Höhe- oder Wendepunkte, Störungen oder Unterbrechungen auf?**
   - **Mit welchem Ergebnis endet das Gespräch? Inwieweit verändert sich dadurch das Verhältnis der Figuren zueinander bzw. ihre gegenseitige Einschätzung, ihre Pläne oder Vorhaben?**

3. **Bewerten Sie unter Berücksichtigung der bisherigen Ergebnisse die Beziehung des Ehepaars Galotti. Inwiefern ist diese für die Entwicklung des Dramas von Bedeutung?**

4. **Verfassen Sie eine Dialoganalyse für die Szene II, 4.**

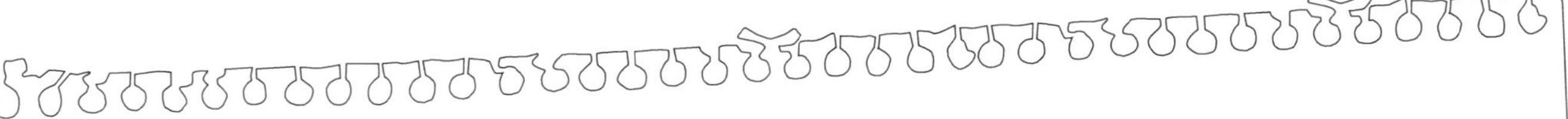

Die Dialoganalyse

- Eine Dialoganalyse schreibt man im Präsens.
- Zitate sind für die Analyse und Deutung einer Szene unerlässlich. Im Idealfall werden sie in den eigenen Satzverlauf eingebunden, z. B.: Mit dem Satz „Alles, Marinelli, alles, was diesen Streich abwenden kann“ (S. 18, Z. 1/2) übernimmt der Prinz indirekt die Verantwortung für den Mord an Appiani.
- Persönliche Deutungen sollten auch sprachlich durch Formulierungen wie „möglicherweise“, „scheinen“, „wirken“, „deuten darauf hin“ … gekennzeichnet werden.
- Zu einem dramatischen Text gehören neben dem Haupttext auch die Regieanweisungen.

SARA UND EMILIA IM DIALOG (1)

1. Arbeiten Sie aus dem folgenden Interpretationsausschnitt zentrale Merkmale der Sprache in der „Emilia Galotti" heraus.

Über die sprachliche Gestaltung in Lessings Dramen

Die Affekte treten [...] an die Stelle der vernünftigen Rede. [...] Die Affektsprache in „Emilia Galotti" ist zweifellos sehr viel ausgereifter als in „Miss Sara Sampson". [...] Ihr Kennzeichen sind die Verknappung des Dialogs, die Überstürzung und Unterbrechung, die die Sprache dieses Dramas weit entfernen von der später im „Nathan" [Lessings letztes Drama, veröffentlicht 1779] wiedergewonnenen Fähigkeit zur rationalen Argumentation.

Peter J. Brenner: Gotthold Ephraim Lessing. Stuttgart 2000, S. 231 u. 233. © Philipp Reclam jun. GmbH & Co., Stuttgart

2. Vergleichen Sie die sprachliche Gestaltung des Auszugs aus dem neunten Auftritt des fünften Aufzugs in „Miss Sara Sampson" mit dem siebten Auftritt des fünften Aufzugs in „Emilia Galotti". Halten Sie Ihre Ergebnisse stichwortartig in der Tabelle fest.

	Miss Sara Sampson	Emilia Galotti
Länge der Sätze / Wortbeiträge		
Satzarten		
Formen der Satzverbindung		
häufig verwendete Stilmittel		

SARA UND EMILIA IM DIALOG (2)

Sara. Jetzt, mein Vater, oder niemals. Bald werde ich nicht mehr sein! Zu glücklich, wenn ich noch einige Augenblicke gewinne, Ihnen die Empfindungen meines Herzens zu entdecken. Doch nicht Augenblicke, lange Tage, ein nochmaliges Leben würde erfordert, alles zu sagen, was eine schuldige, eine reuende, eine gestrafte Tochter einem beleidigten, einem großmütigen, einem zärtlichen Vater sagen kann. Mein Fehler, Ihre Vergebung – –

Sir William. Mache dir aus einer Schwachheit keinen Vorwurf und mir aus einer Schuldigkeit kein Verdienst. Wenn du mich an mein Vergeben erinnerst, so erinnerst du mich auch daran, dass ich damit gezaudert habe. Warum vergab ich dir nicht gleich? Warum setzte ich dich in die Notwendigkeit, mich zu fliehen? Und noch heute, da ich dir schon vergeben hatte, was zwang mich, erst eine Antwort von dir zu erwarten? Itzt könnte ich dich schon einen Tag wieder genossen haben, wenn ich sogleich deinen Umarmungen zugeeilet wäre. Ein heimlicher Unwille musste in einer der verborgensten Falten des betrognen Herzens zurückgeblieben sein, dass ich vorher deiner fortdauernden Liebe gewiss sein wollte, ehe ich dir die meinige wiederschenkte. Soll ein Vater so eigennützig handeln? Sollen wir nur die lieben, die uns lieben? Tadle mich, liebste Sara, tadle mich; ich sahe mehr auf meine Freude an dir als auf dich selbst. – Und wenn ich sie verlieren sollte, diese Freude? – Aber wer sagt es denn, dass ich sie verlieren soll? Du wirst leben; du wirst noch lange leben! Entschlage dich aller schwarzen Gedanken. Mellefont macht die Gefahr größer, als sie ist. Er brachte das ganze Haus in Aufruhr und eilte selbst Ärzte aufzusuchen, die er in diesem armseligen Flecken vielleicht nicht finden wird. Ich sahe seine stürmische Angst, seine hoffnungslose Betrübnis, ohne von ihm gesehen zu werden. Nun weiß ich es, dass er dich aufrichtig liebet; nun gönne ich dich ihm. Hier will ich ihn erwarten und deine Hand in seine Hand legen. Was ich sonst nur gedrungen getan hätte, tue ich nun gern, da ich sehe, wie teuer du ihm bist. – Ist es wahr, dass es Marwood selbst gewesen ist, die dir dieses Schrecken verursacht hat? So viel habe ich aus den Klagen deiner Betty verstehen können, und mehr nicht. – Doch was forsche ich nach den Ursachen deiner Unpässlichkeit, da ich nur auf die Mittel, ihr abzuhelfen, bedacht sein sollte. Ich sehe, du wirst von Augenblick zu Augenblick schwächer, ich seh es und bleibe hilflos stehen. Was soll ich tun, Waitwell? Wohin soll ich laufen? Was soll ich daran wenden? mein Vermögen? mein Leben? Sage doch!

Sara. Bester Vater, alle Hilfe würde vergebens sein. Auch die unschätzbarste würde vergebens sein, die Sie mit Ihrem Leben für mich erkaufen wollten.

Gotthold Ephraim Lessings sämtliche Schriften, Bd. 2.
Hg. von Karl Lachmann. Berlin 1838, S. 84/85.

3. Überprüfen Sie anhand Ihrer Ergebnisse die Thesen Peter J. Brenners.

EIN „EXEMPEL DER DRAMATISCHEN ALGEBRA“?

1. Lessing setzte sich in seinen Briefen und theoretischen Schriften wiederholt mit der aristotelischen Dramenlehre auseinander. Arbeiten Sie aus dem folgenden Text die wesentlichen Aspekte dieser Lehre heraus.

Schon im 4. Jahrhundert v. Chr. setzte sich der Philosoph Aristoteles mit den Grundlagen der Dichtkunst auseinander. Die von ihm entworfenen Grundsätze wurden über Jahrhunderte rezipiert und akzeptiert, bevor sie im 17. und 18. Jahrhundert zum Gegenstand einer intensiven Kontroverse wurden. Lessing nahm in dieser Diskussion eine zentrale Rolle ein.

Die Poetik des Aristoteles lässt sich auf folgende Punkte verdichten: Aristoteles definiert „Dichtkunst“ im Wesentlichen als „Nachahmung“. Das bedeutet, dass der Dichter Menschen zeigen soll, die in ihrem Charakter und Handeln entweder gut oder schlecht sind. Jedoch handelt es sich um eine besondere Form der Nachahmung: Es geht nicht darum, die Wirklichkeit eins zu eins abzubilden, sondern eine fiktive, aber realistische Handlung zu präsentieren, die dazu geeignet ist, die gewünschte Wirkung beim Publikum zu erreichen.

Das Leitziel der Dichtung besteht laut Aristoteles in der „kátharsis“ (Reinigung). Durch das Erleben von „éleos“ (Mitleid) und „phóbos“ (Furcht) angesichts der tragischen Handlung werde die Seele des Zuschauers von eben diesen Affekten gereinigt.

Das Mitleid stelle die logische emotionale Reaktion auf das unverdiente Unglück eines anderen dar. Die Furcht resultiere aus der Überzeugung, dass es einem selbst so wie dem Protagonisten ergehen könnte. Die Tragödie soll demnach zur Besserung der Menschen beitragen.

Jedoch sind nach Aristoteles nicht alle Figuren gleich geeignet, diesen Effekt beim Zuschauer zu erzielen. Die Tragödie sollte nach Aristoteles die Konflikte der schönen und guten, d. h. adligen Menschen vorführen. Diese Maxime wurde dadurch erklärt, dass nur der hoch stehende Mensch tief fallen könne und damit in besonderem Maße Mitleid und Furcht erzeugen könne.

Als Ausdruck der adligen Figuren sei ferner eine gehobene Sprache unerlässlich für die Tragödie.

Wirkmächtig waren schließlich Aristoteles' Einheitsgedanken. Er beschrieb drei Einheiten, die der Wahrscheinlichkeit der dramatischen Handlung Plausibilität verleihen und eine Inszenierung erleichtern sollten. Demnach muss jede Tragödie eine Handlung mit Anfang, Mitte und Ende besitzen (Einheit der Handlung), an einem einzigen Ort spielen (Einheit des Ortes) und darf die Länge eines einzigen Sonnenumlaufs nicht überschreiten (Einheit der Zeit).

Der Umschlag der Handlung von Glück zu Unglück (Peripetie) müsse an einem markanten Wendepunkt stattfinden.

2. Friedrich Schlegel bezeichnete die „Emilia Galotti“ im Jahr 1797 als „Exempel der dramatischen Algebra“. Überprüfen Sie, inwieweit diese positive Bewertung zutrifft.

LESSINGS TRAUERSPIEL – EIN EINGELÖSTER ANSPRUCH?

1. Neben seinen literarischen Werken bemühte sich Lessing um eine Neukonzeption des Trauerspiels. Fassen Sie seine Kernaussagen thesenartig zusammen.

Brief Lessings an Friedrich Nicolai (im November 1756)

Liebster Freund!

[...] Es kann sein, dass wir dem Grundsatze: Das Trauerspiel soll bessern, manches elende aber gutgemeinte Stück schuldig sind; es kann sein, sage ich, denn diese Ihre Anmerkung klingt ein wenig zu sinnreich, als dass ich sie gleich für wahr halten sollte. Aber das erkenne ich fürwahr, dass kein Grundsatz, wenn man sich ihn recht geläufig gemacht hat, bessere Trauerspiele kann hervorbringen helfen, als der: Die Tragödie soll Leidenschaften erregen.

[...] Das meiste wird darauf ankommen: was das Trauerspiel für Leidenschaften erregt. In seinen Personen kann es alle möglichen Leidenschaften wirken lassen, die sich zu der Würde des Stoffes schicken. Aber werden auch zugleich alle diese Leidenschaften in den Zuschauern rege? Wird er freudig? wird er verliebt? wird er zornig? wird er rachsüchtig? Ich frage nicht, ob ihn der Poet so weit bringt, dass er diese Leidenschaften in der spielenden Person billiget, sondern ob er ihn so weit bringt, dass er diese Leidenschaften selbst fühlt, und nicht bloß fühlt, ein andrer fühle sie?

Kurz, ich finde keine einzige Leidenschaft, die das Trauerspiel in dem Zuschauer rege macht, als das Mitleiden. [...]

Das Schrecken braucht der Dichter zur Ankündigung des Mitleids, und Bewunderung gleichsam zum Ruhepunkte desselben. Der Weg zum Mitleid wird dem Zuhörer zu lang, wenn ihn nicht gleich der erste Schreck aufmerksam macht, und das Mitleiden nützt sich ab, wenn es sich nicht in der Bewunderung erholen kann. [...] [D]ie Bestimmung der Tragödie ist diese: sie soll unsre Fähigkeit, Mitleid zu fühlen, erweitern. Sie soll uns nicht bloß lehren, gegen diesen oder jenen Unglücklichen Mitleid zu fühlen, sondern sie soll uns so weit fühlbar machen, dass uns der Unglückliche zu allen Zeiten, und unter allen Gestalten, rühren und für sich einnehmen muss. [...] Der mitleidigste Mensch ist der beste Mensch, zu allen gesellschaftlichen Tugenden, zu allen Arten der Großmut der aufgelegteste. Wer uns also mitleidig macht, macht uns besser und tugendhafter, und das Trauerspiel, das jenes tut, tut auch dieses, oder – es tut jenes, um dieses tun zu können.

In: Moses Mendelssohn's sämtliche Werke. Gelehrter Briefwechsel zwischen D. Johann Jacob Reiske, Moses Mendelssohn und Gotthold Ephraim Lessing, Bd. 9. Ofen und Groß-Wardein 1820, S. 65–71.

2. Erörtern Sie den von Lessing formulierten Anspruch, indem Sie einen Antwortbrief an den Dichter verfassen. Gehen Sie dabei auch auf Ihre eigene Rezeption der „Emilia Galotti" ein.

4. REZEPTIONSGESCHICHTE

EINFÜHRUNG

Seit ihrer Uraufführung im Jahr 1772 steht Lessings „Emilia Galotti“, der letzte große Bühnenerfolg des Dichters, im Zentrum zahlreicher Diskussionen, wobei das Trauerspiel teilweise sehr unterschiedliche Bewertungen und konträre Auslegungen erfuhr.

Am Anfang war das Echo der Zeitgenossen weitgehend positiv. Die „Berlinische privilegierte Zeitung“ schrieb am 7. April 1772: „Gestern wurde hier von der Kochischen Gesellschaft deutscher Schauspieler Emilia Galotti, ein Trauerspiel in fünf Akten vom Herrn Lessing, zum ersten Male mit vielem Beifall aufgeführt und wird auf Zurufung des Parterrs heute wiederholt.“ (Julius W. Braun (Hg.): Lessing im Urtheile seiner Zeitgenossen. Berlin: 1884–1897, Bd. 1. Hildesheim 1969, S. 368)

Gleichwohl mischten sich schon 1772 kritische Stimmen in die allgemein wohlwollende Aufnahme. Im Juli äußerte Goethe in einem Brief an Herder: „Emilia Galotti ist auch nur gedacht, und nicht einmal Zufall und Caprice spinnen irgend drin. Mit halbweg Menschenverstand kann man das Warum von jeder Szene, von jedem Wort, mögt' ich sagen, auffinden. Drum bin ich dem Stück nicht gut, so ein Meisterstück es sonst ist [...].“ (Jan-Dirk Müller (Hg.): Gotthold Ephraim Lessing: Emilia Galotti. Erläuterungen und Dokumente. Stuttgart 1989, S. 64.)

In der Folge bewegte sich die Rezeption innerhalb eines breiten Spektrums zwischen Wertschätzung und Ablehnung. Auffallend sind in diesem Kontext die unterschiedlichen Etikettierungen des Dramas. Mal erschien die „Emilia“ als „moralische Heroide“ (Hermann August Korff: Geist der Goethezeit. Versuch einer ideellen Entwicklung der klassisch-romantischen Literaturgeschichte, Bd. 1. Leipzig 1958, S. 205), mal als „das erste echt politische Stück, das in Deutschland seit Andreas Gryphius geschrieben worden ist“ (Wilhelm Dilthey: „Das Erlebnis und die Dichtung. Lessing, Goethe, Novalis, Hölderlin“. In: Wilhelm Dilthey: Gesammelte Schriften, Bd. 26. Göttingen 2005, S. 50) oder als „sozialkritische Tragödie“ (Volker Riedel: Lessing und die römische Literatur. Weimar 1976, S. 117).

Dabei wird in den Deutungen vor allem um die Bewertung des Endes und seiner möglichen Implikationen gerungen.

Lernziele

- Die Schüler lernen zentrale Bewertungs- und Deutungsansätze des Dramas aus verschiedenen Epochen kennen.
- Sie überprüfen vorgegebene Auslegungen mithilfe des Dramentextes auf ihre Plausibilität hin und gelangen so zu einer eigenständigen Interpretation des Trauerspiels.

■ Zu den Kopiervorlagen Seiten 59/60: EINE BESSERE EMILIA?

Stellvertretend für die wenigen kritischen Stimmen unter den Zeitgenossen Lessings steht die Rezension Jakob Mauvillons.

Hinführend können mit den Schülern die ersten Sätze der Kritik Mauvillons („Der Grund- und Hauptfehler dieses Stückes liegt im Plan, in der allerersten Grundlage. Ein theatralisches Stück muss seine Ordonnanz haben wie ein Gemälde.“) erörtert werden: Wo könnte ein Fehler im „Plan des Stückes“ liegen?

Anschließend lesen die Schüler die Rezension und halten die Hauptkritikpunkte mit eigenen Worten fest. Gegebenenfalls kann bei der Benennung der „Verstöße“ ein Bezug zur aristotelischen Poetik (siehe KV Seite 53) hergestellt werden.

In einem zweiten Schritt sollen die Schüler die zeitgenössische Kritik hinterfragen und kontrovers diskutieren: Mauvillon kennzeichnet als einzigen Vorzug des Stückes die „Natürlichkeit“, die Realitätsnähe der Figuren und ihrer Handlungen, was durchaus diskutabel ist: Entspricht der Schluss, die Ermordung der Tochter durch den eigenen Vater, wirklich Lessings Forderung nach der „Wahrscheinlichkeit der Umstände“ (Hamburgische Dramaturgie)? In anderen Punkten muss man Mauvillon sicherlich zustimmen. So ist nicht zu leugnen, dass sich Emilia als Hauptfigur nicht klar vom übrigen Personal abhebt. Dies wirft die Frage nach dem Warum auf: Handelt es sich um einen Fauxpas des Dichters Lessing oder ging es ihm eben gerade um die verschiedenen Figuren und deren Verbindungen untereinander? Ist dieser Befund negativ zu werten?

Sollte das Drama vielleicht besser den Titel „Der Prinz von Guastalla“ tragen? Letztere Frage ist sicherlich überspitzt, knüpft sich die Tragik doch unstrittig an die Figur der Emilia Galotti. Dennoch kann an dieser Stelle diskutiert werden, wie die „Wirksamkeit“ des Stückes hätte verbessert werden können. Diese sehr anspruchsvolle Aufgabe leitet die Schüler zu einer gehobenen Ebene der kritischen Beschäftigung mit einem literarischen Text.

Lösung

Aufgabe 1

Aussage: falsche Grundanlage des Trauerspiels

Argumente:

1. Emilia ist als Hauptfigur nicht klar herausgestellt.
2. Der Prinz ist die eigentliche Hauptfigur, taugt jedoch hierfür nicht, da er keine Sympathie und somit kein Mitleid erregt.
3. Der Prinz wird durch den ebenfalls „bösen“ Marinelli noch weiter hervorgehoben.
4. Der Gegenstand der Furcht (des Schreckens) ist nicht bestimmt.
5. Die Einheit der Handlung fehlt.

Aufgaben 2 und 3
Ein Verbesserungsvorschlag, der häufiger von Schülern eingebracht wird, zielt auf den Ausbau der Figur des Grafen Appiani als Gegenpol zu Marinelli und Hettore ab. Spannend ist dabei die Frage, in welches Licht Emilia dann rückt. Daneben wurde mehrfach angeregt, auch Emilia im 4. oder 5. Aufzug einen Monolog zu gewähren. Hier könnte die Frage nach Emilias Todessehnsucht oder -motivation beantwortet werden. Dieser Monolog kann weiterführend von den Schülern verfasst bzw. szenisch ausgestaltet werden.

Weiterführende Anregung
Die Frage, ob das Drama mit dem Titel „Der Prinz von Guastalla" nicht treffender bezeichnet wäre, kann den Schülern auch als Auftrag für eine gesonderte Vertiefungsphase gegeben werden. Hierbei müssen sich die Schüler nochmals mit der Gesamtanlage des Stückes und der Bedeutung des Begriffs „Trauerspiel" beschäftigen.

■ Zu den Kopiervorlagen Seiten 61 / 62: SCHLACHTOPFER ODER MÄRTYRERIN? DAS WESENTLICHE ZUM SCHLUSS

Die beiden Kopiervorlagen bieten verschiedene Bausteine für eine eigenständige Auseinandersetzung mit unterschiedlichen Deutungen des Trauerspiels. Hierbei kommt es vor allem auf die Entwicklung einer textbasierten Argumentation an. Die beiden Seiten hängen eng zusammen, können aber auch unabhängig voneinander eingesetzt werden.

Methodisch sind verschiedene Umsetzungen möglich: Als Einstiege können die Darstellung des Heiligen Sebastians (siehe KV Seite 62), eines Märtyrers aus dem 3. Jh. n. Chr., bzw. die beiden abgebildeten Szenenfotos (siehe KV Seite 61) als Folienkopie oder auf dem Whiteboard präsentiert werden. Die Frage nach dem Bezug zur Lektüre leitet dann zur Auseinandersetzung mit den verschiedenen Deutungsansätzen über. Bei den beiden kurzen Texten von Schiller und Alt (siehe KV Seite 61) hat sich neben der separaten Behandlung in Einzelstunden besonders die parallele Erarbeitung in Gruppen bewährt. Die fünf literaturwissenschaftlichen Deutungsansätze (siehe KV Seite 62) können dann als Ausgangspunkt für eine gemeinsame Abschlussdiskussion genutzt werden.

Lösung Seite 61
Aufgabe 1
räumliche Nähe vs. räumliche Distanz, große Emotionalität (Vater und Tochter als „Liebespaar") vs. Sachlichkeit/Nüchternheit, gegenseitige Zuwendung vs. Hinwendung zum Publikum

Aufgabe 2
Zweifellos trägt Emilias Erziehung zu unbedingter Tugendhaftigkeit und Keuschheit indirekt zu ihrem finalen Todeswunsch bei. Die Bewahrung der Tugend scheint ihr nur durch den Tod möglich. Emilia ist das Opfer einer einseitigen Erziehung.

Aufgabe 3
Emilia stirbt für eine Überzeugung, die Norm der Sittlichkeit bzw. Tugendhaftigkeit, und ist demzufolge als Märtyrerin zu kennzeichnen. Allerdings stellt sich mit Alt zu Recht die Frage, ob Emilia nicht gerade mit ihrem Tod belegt, dass sie diese moralischen Grundsätze im Leben verfehlen könnte. Dies ändert jedoch nichts am Grundbefund, dass Emilia als Märtyrerin zu betrachten ist – als eine „gespaltene Märtyrerin".

Lösung Seite 62
Aufgabe 1
Zentral für die Beantwortung der Frage sind zum einen das Gespräch Emilias mit ihrer Mutter über die Nachstellung des Prinzen (II, 6) und zum anderen das finale Gespräch zwischen Vater und Tochter (V, 7). Es ist zu diskutieren, ob Emilia an die Stärke ihrer Tugend glaubt und um *ihrer* Überzeugung willen den Tod erleidet.
Beim Gespräch zwischen Emilia und Claudia ist eine Untersuchung des Nebentexts sehr ergiebig: *stürzet in einer ängstlichen Verwirrung herein; Indem sie den Schleier zurückwirft und ihre Mutter erblicket.; Sich ihr in die Arme werfend.; Mit einem tiefen Atemzuge.* Emilia ist durcheinander, zieht den verhüllenden Eheschleier vom Gesicht, sucht Trost bei ihrer Mutter und beschließt das Gespräch schwermütig seufzend. Hier wird nicht der Eindruck einer entschlossenen Tugendhaftigkeit vermittelt.

Aufgabe 2
Die Hierarchisierung der Deutungen ist naturgemäß abhängig von der subjektiven Einschätzung. Folgende Punkte/Fragen sind jedoch bei den jeweiligen Ansätzen zu bedenken:
Zu (a): Steinhauer reißt einen interessanten Aspekt an. Ist Emilia Opfer *und/oder* Märtyrerin der Tugend? Hier spielt die Beantwortung der ersten Aufgabe eine wichtige Rolle.
Zu (b): Entscheidend ist, wen die Schlussszenen des Dramas fokussieren: Geht es um die familiäre Tragödie der Galottis oder liegt der Schwerpunkt auf der politischen Anklage gegen die Repräsentanten der Aristokratie? Lessing legt beide Aspekte an. Zudem sind diese miteinander verbunden. Das moralische Dilemma der Emilia ist aber gleichwohl bestimmend.
Zu (c): Schulte-Sasses Deutung zeigt das Bemühen um eine neuartige, nicht mehr auf die Defizite der Aristokratie abzielenden Interpretation. Diese findet jedoch bei Schülern meist wenig Zustimmung, was vor allem auf dem diskutablen Attribut der „politischen" Kapitulation gründet, das in der Tat etwas weit geht.
Zu (d): Bauer nimmt die problematische Rolle Odoardos in den Blick. Zwar kann entgegnet werden, dass Odoardo zur Tötung seiner Tochter gedrängt wird, allerdings ist der Einfluss seiner Erziehung für den dramatischen Verlauf nicht von der Hand zu weisen.

Zu (e): Der zu diskutierende Mehrwert der Interpretation Drescher-Ochoas liegt in der Miteinbeziehung des „Freiheitsbegriffs“. Zu fragen ist: Was bedeutet Freiheit? Ist Emilias Tod ein indirekter Freitod? Gibt es überhaupt einen Freitod? In der modernen Psychologie ist der Begriff „Freitod“ sehr umstritten. Kritisiert wird, dass die Betroffenen eigentlich weiterleben wollen, nur nicht unter den gegebenen Umständen. Kein Tod sei freiwillig. Mit einem Transfer zu anderen Stücken (Schillers „Maria Stuart“) kann ferner die Frage erörtert werden, ob es einen Sieg im Tod gibt.

Zur Kopiervorlage Seite 63: ANEINANDER VORBEIFÜHLEN

Die Kopiervorlage dient der Ermittlung allgemeiner, d. h. „überzeitlicher“ thematischer Problemaspekte und damit einhergehend möglicher Aktualisierungen.

Die Schüler erarbeiten zunächst einen kurzen Artikel, in dem die Schauspielerin Susanna Kraus ihre Rollenfindung bei der Darstellung der Emilia beschreibt und dabei auch auf mögliche Berührungspunkte mit der Gegenwart eingeht. Anschließend ergänzen die Schüler eigene Vorschläge. Ausgehend von ihren Ergebnissen erstellen sie ein neues Setting, d. h. einen kurzen Entwurf für eine moderne Adaption der „Emilia“. Bisherige Durchführungen erbrachten hierbei ein interessantes Ergebnis: Anstelle des Adels setzen die Schüler häufig Wirtschaftsmanager oder die Gruppe der Prominenten, wobei als identifizierende Merkmale die Frage des Vermögens (reiche Manager) oder der Bildung („dumme“ Stars) verwendet werden. Bemerkenswert ist dabei, dass als Unterscheidungskriterium nicht mehr die Tugendhaftigkeit, sondern Einkommen und Wissen fungieren. Dies kann als Indiz für einen Wandel des gesellschaftlichen Werte- und Orientierungssystems gedeutet und diskutiert werden. Die selbst erstellten Entwürfe können ferner eine Grundlage für die Beurteilung der modernen Verfilmung (siehe weiterführende Anregungen zu den KV Seiten 64/65) bilden.

Möglicher Einstieg

Die Schüler setzen sich kritisch mit einer Einschätzung Henrik Pfeifers auseinander, der das Drama 2005 in seiner Verfilmung „Emilia“ in die Gegenwart übertrug: „Der Drang nach Freiheit hat mein Leben bestimmt. Lessings Klassiker ‚Emilia Galotti‘ verkörpert für mich den Kampf nach Freiheit und Unabhängigkeit. Emilia ist diesem Kampf nach Selbstverwirklichung ausgesetzt. Sie widersetzt sich ihrer Umwelt. Steht zwischen ihrem Vater, gesellschaftlichen Zwängen und der Herrschaft des Prinzen. Sie trotzt all dem und ist sogar bereit, dafür mit ihrem Leben zu bezahlen. Das fast 300 Jahre alte Stück ist immer noch aktuell.“ (siehe *https://www.riffraff.ch/kinoprogramm/2173/emilia.html*) Pfeifers Auslegung ist diskussionswürdig: Steht Emilia wirklich für den Kampf nach Freiheit und Unabhängigkeit? Geht es ihr um Selbstverwirklichung? Widersetzt sie sich ihrer Umwelt?

Lösung

Aufgabe 1
Irritation aufgrund der fremden Zeit und Umgebung des Stückes → Suche nach Berührungspunkten mit der eigenen Gegenwart → Entdecken von zeitübergreifenden Themen → Anspruch, diese Aktualität in der Rollendarstellung wiederzugeben

Aufgabe 2
Emilias Tod als gescheiterte Emanzipation von ihrem Vater und dessen Normenkatalog zu interpretieren, stellt eine durchaus überzeugende Abstrahierung des Problemgehalts dar, wenngleich dadurch auch andere Themen ausgeklammert werden.

Aufgabe 3
zeitübergreifende Themen nach Kraus: Verhinderung des Erwachsenwerdens, „Aneinandervorbeifühlen“, Gewalt, Einsamkeit und Verzweiflung
weitere Themen: z. B. Unehrlichkeit, Skrupellosigkeit, Opposition zweier gesellschaftlicher Gruppen, Eltern-Kind-Beziehung, (unerwiderte) Liebe, Machtmissbrauch und dessen Folgen, Ehrenmord

Aufgabe 4
Für eine moderne Adaption ist die Identifizierung geeigneter gegenwärtiger Gesellschaftsgruppen grundlegend. Es liegt nahe, die Galottis der heutigen Mittelschicht, den adligen Hof der Oberschicht zuzuordnen und im Anschluss entsprechenden Berufen zuzuweisen. Ein Beispiel zur Verdeutlichung: Emilia = Abiturientin aus einer Beamtenfamilie, Prinz Hettore = Immobilienmakler für Luxusanwesen.

Weiterführende Anregung

Als Vertiefung und zugleich als Hinführung zur Filmanalyse schreiben die Schüler eine zentrale Szene ihrer modernen Adaption in Form eines Drehbuchs. Da sich für Drehbücher – trotz bestehender Unterschiede – ein relativ einfaches Grundmuster durchgesetzt hat, welches sich zudem an der Gestaltung dramatischer Texte orientiert, lässt sich diese Methode ohne größeren Aufwand im Unterricht anwenden. Folgendes Muster kann den Schülern vorgegeben werden:

Ort der Handlung	**Handlungsort innen oder außen/Tageszeit**
Beschreibung der Szene NAME [Darstellername in Großschrift und eingerückt] Dialog [Dialog ebenfalls eingerückt] (Regieanweisungen) [Regieanweisungen in Klammern]	

Beispiel:

Kabinett des Prinzen	**Innen/Tag**
Der Prinz sitzt in einem Sessel und sinniert über das Emilia-Gemälde. **Der Kammerherr betritt den Raum.** MARINELLI Gnädiger Herr, verzeihen Sie mein Zögern. (geht langsam auf den Prinzen zu)	

Zu den Kopiervorlagen Seiten 64/65: EIN ZEITGEMÄSSER „SPEED-LESSING"?

Die Rezension einer modernen Emilia-Inszenierung bietet die Möglichkeit zur vertieften Auseinandersetzung mit einer neueren Interpretation des lessingschen Trauerspiels. Anhand vorgegebener Fragen können die Schüler diese auf der Grundlage ihres eigenen Textverständnisses überprüfen und gegebenenfalls Gegenvorschläge entwickeln. Als Einstieg eignet sich z. B. eine Gegenüberstellung zweier unterschiedlicher Szenenbilder (siehe z. B. KV Seite 61) mit der anschließenden Fragestellung, was eine moderne Inszenierung eines Stückes ausmacht.

Lösung Seite 64

Aufgabe 1

- Rolleninterpretation: Marinelli als „Spielpuppe" eines gelangweilten Prinzen; Emilia zwischen Tugend und Verlangen nach Sinnlichkeit; Odoardo als starrer Prinzipienreiter; Erotik Claudias; „emotional behinderte" Männer
- Umsetzung der Handlung: im Zusammenspiel von Mann und Frau spielt Erotik eine größere Rolle (Einbauen eines Vergewaltigungsversuchs Marinellis); Marinellis Unterlegenheit wird durch zusätzliche körperliche Auseinandersetzungen betont; Odoardo als „Tugendwächter" ist auf der Bühne immer präsent
- Bühnenbild: spartanisch, sperrig, eckig („kein Zuhause"); Kostüme: Orsina in Lack und Leder; Odoardo mit Rautenpullover und Hornbrille; „smarte" Kostüme
- Aktualisierung: Betonung überzeitlicher Themen (z. B. die Männer/Frauen-Thematik); durch Rolleninterpretation (und Kostümierung) Übertragung der bei Lessing angelegten Typen auf die heutige Zeit

Weiterführende Anregung

Nach dem Muster der Theaterkritik können die Schüler eine Rezension über die Verfilmung Henrik Pfeifers aus dem Jahr 2005 verfassen. Pfeifer präsentiert Lessings Trauerspiel im Gewand einer Lovestory vor großstädtischem Hintergrund – unter Beibehaltung des Originaltextes. Der Prinz wird zum gefeierten Schauspieler, Marinelli agiert als sein Manager und die Galottis erscheinen als bürgerliche Gastwirtfamilie. Die hervorstechendste inhaltliche Veränderung der Verfilmung ist, dass Emilia der Liaison mit Hettore entschieden wohlwollend gegenübersteht und nach einem fingierten Selbstmord mit ihm „durchbrennt". Dieser Eingriff provoziert – neben dem Drogenkonsum Marinellis – zu Recht Widerspruch seitens der Schüler und führt zu Diskussionen über Sinn und Unsinn moderner Übertragungen. Donnernden Applaus erntet diese Verfilmung bei den Schülern zumeist nicht, was sie jedoch für eine abschließende Debatte und Filmkritik umso geeigneter macht.

EINE BESSERE EMILIA? (1)

1. Die folgende Bewertung wurde kurz nach der Uraufführung des Dramas veröffentlicht. Arbeiten Sie die Kritikpunkte Mauvillons heraus.

Rezension Jakob Mauvillons (1772)

Der Grund- und Hauptfehler dieses Stückes liegt im Plan, in der allerersten Grundlage. Ein theatralisches Stück muss seine Ordonnanz [Ordnung, Komposition] haben wie ein Gemälde. Es muss in demselben die Hauptfigur oder wenigstens die Hauptgruppe sein, die gleich in die Augen fällt und sich vor allen andern hebt. Die übrigen müssen nach dem verschiednen Anteil, den sie an der Sache haben, in ihr gehöriges Licht gesetzt sein und dennoch alle sämtlich zur Hebung der Hauptperson oder -gruppe konkurrieren. Das ist aber hier gar nicht beobachtet. Denn wer ist die Hauptperson? Billig sollte es wohl Emilia sein, nach dem Titel, doch der ist eine Kleinigkeit; aber auch nach dem Zweck des Stückes. Denn der Prinz, der wirklich die Hauptperson ist, auf den kann, wegen des gehässigen Lichtes, in welchem sich seine Leidenschaft zeigt, kein Interesse fallen. Dieses gehässige Licht besteht aber, das muss ich sagen, besonders darinnen, dass er, ohngeachtet er nicht wiedergeliebet wird, dennoch versucht, seiner Geliebten habhaft zu werden, mit welcher Empfindung wir durchaus nicht sympathisieren können [...]. Der Prinz ist im gegenwärtigen Stücke allein die Figur, die recht heraustritt und sich dem Auge des Zuschauers in dem ganzen Lichte zeigt. [...] Das ist ein Hauptfehler dieses Stücks, dessen Anordnung diese ist. Eine falsche Figur zur einzigen Hauptfigur, das ist der Prinz. Um den Fehler noch zu vergrößern, ist neben dem Prinzen eine Figur gestellt, um diesen noch mehr zu heben, die aber mit ihm fast in gleichem Lichte zu stehen kommt, sodass diese untergeordnete Person, nämlich der Kammerherr Marinelli, sich vor allen viel wichtigern vorstellt und sie verdunkelt. Die übrigen sind alle weit hinter diese beiden zurückgeworfen und nehmen sich noch dazu fast keine vor der andern aus: die einzige Emilia ist ein klein wenig vor den andern hervorstechend, aber doch so, dass man sie vor dem Prinzen und vor Marinelli lange nicht genau genug bemerken kann. Denn, ohngeachtet es, dass viel auf dem Theater sein nicht ausmacht, dass eine Person uns interessant wird, so kann sie es doch nicht werden, wenn sie uns zu sehr aus dem Gesicht gerücket wird, indem wir nur uns alsdenn für die Leute interessieren, wenn wir von ihrer Denkungsart genugsam unterrichtet sind, sodass wir genau wissen, welche Wirkung die Zufälle, die ihnen begegnen, auf sie machen, und dass wir alsdenn mit diesen ihren Empfindungen und daraus entstehenden Handlungen sympathisieren. Dies gehet nun aber nicht an, ohne dass sich die Person oft zeige und uns auf die Art das Innerste ihres Herzens aufschließen könne. Bei dem Prinzen ist das der Fall und auch bei Marinelli. Bei jenem sind's die Reden hauptsächlich, bei diesem noch besonders die Handlungen, die uns ihren Charakter, ihre Gesinnungen ganz entdecken. Bei den übrigen aber ist nichts dergleichen genau genug angegeben, um das Teilnehmende für sie bei uns in einem zur tragischen Empfindung gehörigen Grade hervorzubringen. Im Gegenteil ist das bisschen Interesse, was auf sie kömmt, unter die übrigen so verteilt, dass es dadurch noch schwächer wird. [...]

Ein andrer Hauptfehler dieses Stücks, welcher auch das Interesse in demselben mit vernichten hilft, ist, dass der Gegenstand dessen, was man zu fürchten hat, nicht bestimmt ist. Man sieht wohl, dass es vielleicht da ein groß Unglück geben kann, aber man sieht gar nicht ein, was wohl eigentlich daraus entstehen könnte. [...] Und hernach geschieht noch dazu gleich im Anfange des dritten Aufzugs das Ärgste, was sich denken lässt. Denn im Anfange wird die Neugierde dadurch erregt, zu sehn: wie wird's noch mit der Heirat werden, man besorgt aus der Leidenschaft des Prinzen Hindernisse dagegen, man sieht ihn heftig genug entflammt, um zu urteilen, dass er die Vollziehung dieser Ehe nimmer mit Gutem gestatten wird. Ich sage mit Fleiß, die Neugierde wird erregt, denn wahres Interesse ist es nicht, da man den Appiani und die Emilia lange nicht genug kennt, um sich für beide in der Tat zu interessieren, es ist nur der Anfang einer Teilnehmung, die man für beide empfindet. Nun aber, da durch Appianis Tod sich gleich zeiget, dass die Heirat nicht vor sich gehen wird, so gerät der Leser in eine ganze Ungewissheit über dem, was sich noch zutragen wird. Ja das Stück verfällt dadurch in den Hauptfehler, dass es sich in zwei Teile zerschneidet, da bei dem zweiten ein ganz neues und anderes Interesse anfängt. In dem neuen

EINE BESSERE EMILIA? (2)

Stücke aber, das sozusagen nach Appianis Mord anfängt, weiß der Leser nun gar nicht mehr, von woher er eine Katastrophe erwarten soll. [...]

Wer kann [...] sagen, was in der „Emilia" nach Appianis Tode zu fürchten ist? Am natürlichsten wohl, dass der Vater den Prinzen, wenn er den Mord des Appiani erfährt, ermorden wird. Das aber hat selbst wenig Schein, da der Prinz in seinem eignen Schloss von seinem Gefolge umgeben ist und nur ein Wort sagen darf, um dass weder Vater noch Mutter vor ihm und seine geraubte Schöne kommen dürfe. Kurz, man könnte wohl mit der Emilia über den Tod des Appiani betrübt sein, wenn man recht eigentlich wusste, wie zärtlich sie ihn liebte; aber was noch weiter nach diesem zu befürchten ist, das sieht man gar nicht ein. Bei dem Tode des Appiani geht ein neu Stück an, das noch dazu kein bestimmtes Interesse hat. Erst ganz spät, nämlich bei Übergebung des Dolches der Orsina an den Odoard, sieht man, dass wohl etwas Gefährliches daraus entstehen könnte. Wir wollen auch sagen, was, unserer Meinung nach, diesen Fehler hervorgebracht haben mag: denn das kann seinen Nutzen haben, eine Klippe anzuzeigen, an die ein Lessing gescheitert zu haben scheint.

Das Stück hat ein großes Verdienst, welches der Verfasser nach seinen aus der „Dramaturgie" bekannten Grundsätzen mit Fleiß gesucht hat, ihm zu geben; nämlich alles natürlich dem Auge des Zuschauers vorzustellen. Nichts ist im ganzen Stücke, das nicht so zuginge, wie es in der Wahrheit sich zugetragen hätte. [...] Allein unter der Bemühung, das Natürliche zu suchen, ist das Interessante verlorengegangen. Konnte man beides nicht erhalten, so musste lieber ersteres aufgeopfert werden. Aber eine andre Kontextur des Stückes hätte vielleicht beides zu vereinigen gewusst. Es wäre alsdenn eine andre „Emilia Galotti" geworden, aber eine bessere. [...]

In: Horst Steinmetz (Hg.): Lessing – ein unpoetischer Dichter. Dokumente aus drei Jahrhunderten zur Wirkungsgeschichte Lessings in Deutschland. Frankfurt am Main 1969, S. 93–96.

2. Bewerten Sie die Kritik Mauvillons. An welchen Stellen teilen Sie die Kritik, wo würden Sie Mauvillon widersprechen?

3. Diskutieren Sie, was Sie an Lessings Drama „verbessern" würden.

SCHLACHTOPFER ODER MÄRTYRERIN?

1. Vergleichen Sie, wie die Tötung Emilias durch ihren Vater in den beiden unterschiedlichen Inszenierungen vorbereitet wird. Welche der beiden Umsetzungen deckt sich eher mit Ihrem Verständnis des Dramas?

Münchner Kammerspiele in der Freien Volksbühne Berlin,
Regie: THOMAS LANGHOFF, 1984
ROLF BOYSEN als Odoardo Galotti, SUNNYI MELLES als Emilia Galotti

Deutsches Theater Berlin, Regie: MICHAEL THALHEIMER, 2001
PETER PAGEL als Odoardo Galotti, REGINE ZIMMERMANN als Emilia Galotti

2. Überprüfen Sie, inwiefern die unten stehende Passage aus Schillers „Schaubühnenrede", in der er sich auf Lessings Trauerspiel bezieht, die zentrale Aussage der „Emilia Galotti" auf den Punkt bringt.

3. Überprüfen Sie den Deutungsansatz Peter-André Alts. Finden Sie Argumente für bzw. gegen seine These.

Friedrich Schiller, Was kann eine gut stehende Schaubühne eigentlich wirken? (Vorlesung vom 26. Juni 1784)

Keine Angelegenheit ist dem Staat durch ihre Folgen so wichtig als diese, und doch ist keine so preisgegeben, keine dem Wahne, dem Leichtsinn des Bürgers so uneingeschränkt anvertraut, wie es diese ist. Nur die Schaubühne könnte die unglücklichen Schlachtopfer vernachlässigter Erziehung in rührenden erschütternden Gemälden an ihm vorüberführen; hier können unsre Väter eigensinnigen Maximen entsagen, unsre Mütter vernünftiger lieben lernen.

FRIEDRICH SCHILLER: Thalia, Bd. 1, I – IV. Leipzig 1785, S. 22.

Deutung des Germanisten Peter-André Alt (1994)

Emilia stirbt keineswegs, weil sie an die Unverletzlichkeit des von ihr vertretenen moralischen Prinzips glaubt; sie wählt den Tod, weil sie, gerade umgekehrt, die Anfälligkeit ihrer Tugend und die Verführbarkeit ihrer Sinne kennt. Im Unterschied zur klassischen Märtyrerin, die ihr sittliches Gesetz bis zum physischen Untergang verteidigt, bleibt dieser physische Untergang für Emilia die einzige Möglichkeit, das sittliche Gesetz zu bekräftigen. Emilia ist keine Märtyrerin der Tugend, sondern einzig als Tote tugendhaft.

PETER-ANDRÉ ALT: Tragödie der Aufklärung. Eine Einführung. Tübingen u. a. O. 1994, S. 267.

DAS WESENTLICHE ZUM SCHLUSS

1. Diskutieren Sie, inwiefern Lessings Trauerspiel als „Märtyrertragödie" gedeutet werden kann.

SODOMA, Der Heilige Sebastian (1525)

i

Märtyrer [griechisch-lateinisch; eigentlich „Zeuge"] *der*, **Martyrer**, jemand, der um seines Glaubens oder seiner Überzeugung willen den Tod erleidet; als Begriff (auch Blutzeuge) im Christentum entstanden.

2. In der modernen literaturwissenschaftlichen Forschung finden sich weitere Deutungen des Stückes, die sich im Wesentlichen auf die Schlussszene des Dramas beziehen. Ordnen Sie die unten stehenden Bewertungen nach ihrer Plausibilität.

(a) „Emilia ist ein Opfer und eine Märtyrerin der Tugend." (HARRY STEINHAUER, 1965) ◯

(b) „Die Schlussszene ist eine politische Anklage gegen die aristokratische Amoral." (WILHELM DILTHEY, 1957) ◯

(c) „Das Ende zeigt die politische Kapitulation des Bürgertums." (JOCHEN SCHULTE-SASSE, 1975) ◯

(d) „Der Tod Emilias entlarvt die falsch verstandene bürgerliche Tugendautorität." (GERHARD BAUER, 1987) ◯

(e) „Das Ende markiert die Bewahrung einer höheren Identität und belegt die Freiheit Emilias." (HEIDRUN DRESCHER-OCHOA, 1998) ◯

ANEINANDER VORBEIFÜHLEN

1. Erarbeiten Sie, wie Susanna Kraus ihre Rollenfindung beschreibt und welche Probleme sie dabei anspricht.

Susanna Kraus über ihre Rollenfindung bei der Darstellung der Emilia (1983)

[...] Als ich wusste, dass ich Emilia spielen sollte, habe ich mich auf der einen Seite sehr gefreut, auf der anderen Seite hatte ich aber auch Angst. Denn nach dem ersten Lesen des Stückes wusste ich erst einmal gar nicht, wie ich, die ich doch in einer sehr anderen Zeit und Umgebung aufgewachsen bin, mich in die Welt der Emilia, in die Welt Lessings hinbegeben kann. In der ersten Probenwoche haben wir erst einmal nur gelesen; immer wieder das Stück gelesen, Texte über Lessing, über „Emilia Galotti" und wir haben in Gesprächen nach Berührungspunkten dieses Stückes mit unserer Zeit gesucht.

Wir wollten herausfinden, was Lessing mit „Emilia Galotti" sagen wollte und was wir damit sagen können, was für unsere Zeit noch Gültigkeit hat. Das Schöne und Grausame an diesem ersten Prozess war, dass wir entdecken mussten, dass die Probleme, die Lessing dazu bewegten, Stücke zu schreiben, Stücke von leidenschaftlicher Auseinandersetzung mit sich und seiner Umgebung, die Probleme unserer Zeit geblieben sind – in anderer Erscheinungsform, in anderer Verkleidung, in anderer Sprache. Aber dass Lessing weit über seine Zeit hinaus Zusammenhänge empfunden und aufgedeckt hat!

Von diesem Moment an konnte ich meine Figur, die ich zu spielen habe, gefühlsmäßig und gedanklich begreifen. Und – was für mich das Wichtigste ist – ich wusste, was ich damit ausdrücken kann und will. Bei den Proben auf der Bühne habe ich dann versucht, das alles umzusetzen, sichtbar zu machen, mich in die schöne, aber komplizierte Sprache Lessings hineinzuversetzen. Dieser Prozess war oft sehr schwierig. [...] Bei der Erarbeitung der Emilia war für mich einfach wichtig, eine Figur zu schaffen, die „heute" verstehbar ist.

Es ist ein Stück über die Verhinderung des Erwachsenwerdens, über das verhängnisvolle „Aneinandervorbeifühlen" von ganz eng verbundenen Menschen in diesem Prozess, über die Einsamkeit und Verzweiflung, ausgelöst durch die Anwendung von Gewalt. Und wenn Theater heute einen Sinn haben kann, dann wahrscheinlich den, darüber öffentlich zu sprechen und nachzudenken. Wenn unsere Aufführung das bewirken könnte, wäre ich glücklich! [...]

Südwest Presse, 15. 1. 1983

2. Bewerten Sie Kraus' Deutung, die „Emilia Galotti" sei „ein Stück über die Verhinderung des Erwachsenwerdens".

3. Diskutieren Sie, welche über seine Zeit hinausreichenden Zusammenhänge Lessing in „Emilia Galotti" aufgedeckt und thematisiert hat.

4. Entwerfen Sie für eine mögliche moderne Adaption des Trauerspiels ein Personenverzeichnis sowie eine kurze Darstellung der Handlung. Nutzen Sie dafür die folgenden Leitfragen:
- **Welche gegenwärtigen gesellschaftlichen Gruppen kann man dem Kreis um den Prinzen und die Galottis jeweils zuordnen?**
- **Welcher Handlungsort ist denkbar?**
- **Was ist an der Handlung zu verändern?**

EIN ZEITGEMÄSSER „SPEED-LESSING"? (1)

1. Lesen Sie Werner Theurichs Rezension der Emilia-Aufführung des Hamburger Thalia-Theaters 2003. Halten Sie stichwortartig wichtige Punkte zu folgenden Fragen fest:
- **Wie wurden die verschiedenen Rollen interpretiert?**
- **Wie wurde die Handlung umgesetzt?**
- **Wie sind Bühnenbild und Kostüme gestaltet?**
- **Worin besteht das „Zeitgemäße" der Aufführung?**

MACHT IST MÄCHTIGER ALS HIRN

Als Deutschlands frisch gekürtes „Theater des Jahres" ging Hamburgs Thalia mit Lessings Bühnen-Evergreen „Emilia Galotti" an den Saison-Start. Doch die Geschichte um Tugend und Willkür kam statt klassisch eher ironisch daher. Und erfrischend kurz: Knapp zwei Stunden brauchte die geniale Regie für einen Start-Ziel-Sieg.

Der Prinz ist gelangweilt. Von seinem Leben, seiner Macht und letztlich von sich selbst. Ein Mann, der sich gequält durch die Kissen und durch Post wühlt und eigentlich nur noch Sex im Sinn hat: Emilia, die junge, schöne Unbekannte, die er auf einer der vielen, öden Adelspartys gesehen hat. Sie will er haben, auch wenn sie inzwischen mit dem netten, aber dröge tugendsamen Grafen Appiani verlobt ist und die Heirat unmittelbar bevorsteht. Was kann man da tun? Auf jeden Fall ist zu diesem Zeitpunkt noch alles drin, zwischen Komödie und Tragödie.

Regisseur Michael Talke [...] drehte sein klassisches und wohlbekanntes „Emilia-Galotti"-Personal kräftig durch die Mangel und warf die Akteure zurück auf eine sperrige, eckige Bühnenwelt, in der es kein Zuhause gibt. [...]

Der genervte und ständig überforderte Prinz hat aber einen Freund und Helfer namens Marinelli. Normalerweise präsentiert als der Teufel per se [...], ein Intrigant und Strippenzieher von dämonischen Proportionen. Bei Regisseur Talke nicht: Eher ein hyperaktiver Koksdealer, willfährig zwar und durchaus mordbereit für seinen prinzlichen Chef, aber ein schwacher, rückgratloser Liebediener, der selbst nur nach Liebe und Anerkennung giert. Keiner hat ihn lieb, er wird nicht mal gefürchtet, sogar der schlichte Appiani streckt ihn bei der ersten Begegnung mit einer Handbewegung nieder und macht ihn zum unterwürfigen Tier. Auch der Prinz zappelt hier nicht mehr hilflos im Intrigennetz des Höflings, Talke führt Marinelli vielmehr als Spielpuppe des Prinzen vor, die Gewichtung ist umgekehrt. Macht ist mächtiger als Hirn.

[...] Nicht mal den vermeintlich schwachen Frauen ist er gewachsen: Emilias Mutter stößt ihn weg, ringt ihn bei einem schüchternen Vergewaltigungsversuch praktisch nieder. Die verstoßene Geliebte des Grafen, Orsina, dringt ins Lustschloss ein, lässt den drängenden Marinelli links liegen und bringt das mühsam errichtete Intrigengebäude zum Einsturz. Emilia selbst pendelt – und da ist Talke wieder eng bei Lessing – zwischen Sinnsuche und sinnlichem Verlangen und kann sich nicht recht entscheiden zwischen flottem Prinz und jungfräulicher Tugend.

Der Einzige, der inmitten dieser flatternden Paradiesvögel zum korrektiven Gefäß der gesellschaftlichen Entrüstung gerät, wird am Schluss ebenfalls zum Mörder. Emilias vermeintlich stoischer Vater, mit Rautenpullover und Hornbrille eher als ihr Großvater kostümiert, steht Akt für Akt drohend und strafend schauend am Bühnenrand und stiert angeekelt auf die prinzliche Dekadenz. Doch das ist keine Tugend an sich: Sobald der Prinz sich Emilia nähert, starrt er ebenso fasziniert zurück – man irritiert sich gegenseitig, ohne den Hauch von Verständnis. Kein Blick wird ausgetauscht, jeder starrt vor sich hin, um schließlich verstört den Kopf zu schütteln. [...]

Die Frauen, die um die emotional behinderten Männer agieren, sind zwar ebenso Verliererinnen des Gesellschaftsspiels, aber sie stehen dennoch besser da. Natali Seelig spielt eine schwärzliche, „Pulp-Fiction"-gestylte Gräfin Orsina, die sich nach der Enttäuschung über den treulosen Prinzen schnell und aggressiv wieder fängt, sogar den erst noch milde tobenden Emilia-Vater (Markwart Müller-Elmau) mit einem Waffenarsenal versorgt. Emilias Mutter (Sandra Flubacher) wirkt noch erotischer

EIN ZEITGEMÄSSER „SPEED-LESSING"? (2)

als ihre spröde Tochter, doch auch sie kann sich dem hilflosen Gerangel Marinellis spielend entledigen.

Emilia (Anna Blomeier) selbst blickt in die Weite, sucht, findet und sehnt sich nach Sinn und Sinnlichkeit. Der Mord des Vaters an seiner Tochter zur Rettung der Tugend erscheint hier absurder denn je: Die „Rose wurde gebrochen", aber ob dieser Prinz nun ein Sturm gewesen wäre, der sie entblättert hätte, wie der Vater meint? Das darf bezweifelt werden. So turnen eine Menge egozentrischer und leicht autistischer Männer um Frauen herum, die unterschiedlich damit umgehen. Da fällt es einer rachsüchtigen Gräfin leicht, den Mann im Vater zur Waffe zu formen.

Ein Thalia-Ensemble ohne Schwächen stürmt durch diesen zeitgemäßen Speed-Lessing, der dennoch nicht verflachte. Immer präsent auf einer intelligent spartanischen Bühne (Thilo Reuther) und in absolut smarten Kostümen von Dagmar Fabisch, der zu jeder Figur eine Maßkleidung einfiel: Schließlich ist die Bühne auch ein Ort für Schau-Spiel. Glänzender Saisonstart im Thalia: Die Kritiker von „theater heute" wurden in ihrer Wahl bestätigt.

2. Können Sie sich mit dem in der Rezension beschriebenen „Speed-Lessing" anfreunden? Nehmen Sie zu den einzelnen Punkten Stellung.

KLAUSURVORSCHLÄGE

GESTALTENDES INTERPRETIEREN

1. Dialog

Im sechsten Auftritt des zweiten Aufzugs berichtet Emilia ihrer Mutter von der Begegnung mit dem Prinzen während des Kirchgangs.

Verfassen Sie den Dialog zwischen dem Prinzen und Emilia in der Halle der Kirche.

CLAUDIA. [...] Ich will hoffen, dass du deiner mächtig genug warest, ihm in Einem Blicke alle die Verachtung zu bezeigen, die er verdienet.

EMILIA. Das war ich nicht, meine Mutter! Nach dem Blicke, mit dem ich ihn erkannte, hatt ich nicht das Herz, einen zweiten auf ihn zu richten. Ich floh –

CLAUDIA. Und der Prinz dir nach –

EMILIA. Was ich nicht wusste, bis ich in der Halle mich bei der Hand ergriffen fühlte. Und von ihm! Aus Scham musst ich standhalten: mich von ihm loszuwinden, würde die Vorbeigehenden zu aufmerksam auf uns gemacht haben. Das war die einzige Überlegung, deren ich fähig war – oder deren ich nun mich wieder erinnere. Er sprach; und ich hab ihm geantwortet. Aber was er sprach, was ich ihm geantwortet; – fällt mir es noch bei, so ist es gut, so will ich es Ihnen sagen, meine Mutter. Jetzt weiß ich von dem allen nichts. Meine Sinne hatten mich verlassen.

2. Innerer Monolog

Im ersten Auftritt des dritten Aufzugs erfährt der Prinz vom Plan B Marinellis, der Entführung Emilias.

Verfassen Sie einen inneren Monolog des Prinzen unmittelbar nach der Unterredung mit Marinelli.

SZENENANALYSE

Im zweiten Auftritt des fünften Aufzugs erscheint Odoardo in einem bemerkenswerten Monolog.

1. **Ordnen Sie den Monolog in die Handlung des Dramas ein, indem Sie das für den Monolog Wesentliche aus der vorangegangenen Handlung skizzieren.**
2. **Analysieren Sie den Monolog inhaltlich und sprachlich und interpretieren Sie ihn im Hinblick auf die Figur Odoardo.**
3. **Diskutieren Sie, inwiefern Odoardo als ohnmächtiges Opfer seiner Affekte bezeichnet werden kann.**

ODOARDO GALOTTI. Noch niemand hier? – Gut; ich soll noch kälter werden. Es ist mein Glück. – Nichts verächtlicher, als ein brausender Jünglingskopf mit grauen Haaren! Ich hab es mir so oft gesagt. Und doch ließ ich mich fortreißen: und von wem? Von einer Eifersüchtigen; von einer für Eifersucht Wahnwitzigen. – Was hat die gekränkte Tugend mit der Rache des Lasters zu schaffen? Jene allein hab ich zu retten. – Und deine Sache, – mein Sohn! mein Sohn! – Weinen konnt ich nie; – und will es nun nicht erst lernen – Deine Sache wird ein ganz anderer zu seiner machen! Genug für mich, wenn dein Mörder die Frucht seines Verbrechens nicht genießt. – Dies martere ihn mehr, als das Verbrechen! Wenn nun bald ihn Sättigung und Eckel von Lüsten zu Lüsten treiben; so vergälle die Erinnerung, diese eine Lust nicht gebüßet zu haben, ihm den Genuss aller! In jedem Traume führe der blutige Bräutigam ihm die Braut vor das Bette; und wann er dennoch den wollüstigen Arm nach ihr ausstreckt: so höre er plötzlich das Hohngelächter der Hölle, und erwache!

TEXTBEZOGENE ERÖRTERUNG

1. Fassen Sie das Familienbild Riehls und seine Begründungen zusammen.
2. Erörtern Sie, inwiefern dieses Familienbild auf die Familie Galotti zutrifft.
3. Diskutieren Sie die Aussage des Dramas im Hinblick auf die bürgerliche Familie: Wird das traditionelle Familienbild bestätigt oder kritisiert? Beziehen Sie dabei die dramatische Entwicklung mit ein.

Der Kulturhistoriker Wilhelm Heinrich Riehl über die bürgerliche Familie (1855)

In der Familie ist gegründet die sozialpolitische Potenz der Sitte, aus welcher das Gesetz hervorgewachsen ist. Die Familie ist überhaupt die notwendige Voraussetzung der öffentlichen Entwicklung der Völker. Die Familie antasten heißt aller menschlichen Gesittung den Boden wegziehen. [...]

Die Familie steht unter der natürlichen Obervormundschaft der Eltern und speziell des Familienvaters. Diese Obervormundschaft ist ein Urrecht, in der Natur der Sache gegeben. Weil Vater und Mutter die Auctores, die Urheber der Familie, sind, darum besitzen sie von selber auch die Auctoritas, die Macht der Autorität. Weil aber die Autorität die Gewalt des Urhebers ist, so ist sie andererseits gegründet auf die natürliche Liebe und Aufopferung des Erzeugers für sein Kind.

Ebenso steht der Mann zu seiner Frau in dem aus der Liebe hervorgewachsenen Verhältnis der Autorität. Nicht gezwungen durch äußere Unterdrückung, sondern weil sie es ihrer Natur nach gar nicht anders kann und mag, tritt die Frau unter die Autorität des Mannes. So war es, seit die Welt stehet, und so wird es bleiben. Die Frau gibt ihren Namen auf und nimmt den Namen des Mannes dafür hin; denn in diesem Namen allein ist zugleich der durch die langen Reihen der Generationen fortlebende Name der Familie gegeben. Auch die Religion des Vaters wird für das Bekenntnis der Familie entscheidend: Denn er ist der Repräsentant der Familie. Eine völlige Verschiedenheit der Religion beider Ehegatten kann gar nicht gedacht werden, denn eine solche Ehe würde von vornherein ihrem vollen Begriffe nicht entsprechen.

WILHELM HEINRICH RIEHL: Die Familie. Stuttgart 1855, S. 11.

LITERATURVERZEICHNIS

TEXTAUSGABE

LESSING, GOTTHOLD EPHRAIM: Emilia Galotti. Ein Trauerspiel in fünf Aufzügen. Stuttgart: Reclam 2017.

SEKUNDÄRLITERATUR

Zum Autor

BARNER, WILFRIED u. a.: Lessing, Epoche – Werk – Wirkung. München: C. H. Beck 1998.

BRENNER, PETER J.: Gotthold Ephraim Lessing. Stuttgart: Reclam 2000.

DREWS, WOLFGANG: Gotthold Ephraim Lessing in Selbstzeugnissen und Bilddokumenten. Reinbek bei Hamburg: Rowohlt 1962.

BARK, JOACHIM (Hg.): Gotthold Ephraim Lessing. Leben und Werk. Stuttgart: Klett 1986.

FICK, MONIKA: Lessing-Handbuch. Leben – Werk – Wirkung. Stuttgart: Metzler 2004.

HILDEBRANDT, DIETER: Lessing. Biographie einer Emanzipation. München u. a. O.: Carl Hanser Verlag 1979.

NISBET, HUGH B.: Lessing. München: C. H. Beck 2008.

RIEDEL, VOLKER: Lessing und die römische Literatur. Weimar: Böhlau 1976.

STEINMETZ, HORST: „Lessing – ein unpoetischer Dichter. Dokumente aus drei Jahrhunderten zur Wirkungsgeschichte Lessings in Deutschland“. In: Steinmetz, Horst (Hg.): Wirkung der Literatur. Deutsche Autoren im Urteil ihrer Kritiker, Bd. 1. Frankfurt am Main: Athenaeum 1969.

Zum Werk

BAUER, GERHARD (Hg.): Gotthold Ephraim Lessing. Emilia Galotti. München: Fink 1987.

DILTHEY, WILHELM: „Das Erlebnis und die Dichtung. Lessing, Goethe, Novalis, Hölderlin“. In: Dilthey, Wilhelm: Gesammelte Schriften, Bd. 26. Hg. von Gabriele Malsch. Göttingen: Vandenhoeck & Ruprecht 2005.

DRESCHER-OCHOA, HEIDRUN: Kultur der Freiheit. Ein Beitrag zu Lessings Kulturkritik und -philosophie, Frankfurt am Main u. a. O.: Peter Lang 1998 (= Europäische Hochschulschriften, Bd. 1670).

GÖBEL, KLAUS: Gotthold Ephraim Lessing. Emilia Galotti. München: Oldenbourg 1988.

HELLBERG, WOLF DIETER: Lektürehilfen. Gotthold Ephraim Lessing. Emilia Galotti. Stuttgart: Klett 2000.

HILLEN, GERD: „Die Halsstarrigkeit der Tugend. Bemerkungen zu Lessings Trauerspielen“. In: Lessing Yearbook II. München: Hueber 1970, S. 115 – 134.

KREFT, JÜRGEN: „‚Emilia Galotti‘: Stand – Moral – Tragik. Überfällige Prüfungen“. In: Kreft, Jürgen (Hg.): Theorie und Praxis der intentionalistischen Interpretation. Brecht – Lessing – Max Brod – Werner Jansen. Frankfurt am Main u. a. O.: Peter Lang 2006 (= Hamburger Beiträge zur Germanistik, Bd. 44), S. 147 – 249.

KURZENBERGER, HAJO: „Aufführungsanalyse im Deutschunterricht: Ein Vergleich der ‚Emilia-Galotti‘-Inszenierungen von Thomas Langhoff (1984) und Michael Thalheimer (2001)“. In: Der Deutschunterricht 2 / 2004, S. 5 – 18.

MÜLLER, JAN-DIRK (Hg.): Gotthold Ephraim Lessing: Emilia Galotti. Erläuterungen und Dokumente. Stuttgart: Reclam 1989.

NEUMANN, PETER HORST: Der Preis der Mündigkeit. Über Lessings Dramen. Stuttgart: Klett-Cotta 1977.

SCHULTE-SASSE, JOCHEN: Literarische Struktur und historisch-sozialer Kontext. Zum Beispiel Lessings „Emilia Galotti“. Paderborn: Schöningh 1975.

STEINHAUER, HARRY: „Die Schuld der Emilia Galotti“. In: Schillemeit, Jost (Hg.): Interpretationen, Bd. 2. Frankfurt am Main: Fischer 1965, S. 49 – 60.

TER-NEDDEN, GISBERT: Lessings Trauerspiele. Der Ursprung des modernen Dramas aus dem Geist der Kritik. Stuttgart: Metzler 1986.

WEHRLI, BEATRICE: Kommunikative Wahrheitsfindung. Zur Funktion der Sprache in Lessings Dramen. Tübingen: Niemeyer 1983.

WEIGAND, HERMANN J.: „Warum stirbt Emilia Galotti?“. In: Weigand, Hermann J.: Fährten und Funde. Aufsätze zur deutschen Literatur. Hg. von Amos Leslie Willson. Bern / München: Francke 1967, S. 39 – 50.

WIERLACHER, ALOIS: „Das Haus der Freude oder Warum stirbt Emilia Galotti?“. In: Lessing Yearbook V. München: Hueber 1973, S. 147 – 162.

Zu Gattung und Epoche

ALT, PETER-ANDRÉ: Aufklärung. Stuttgart: Metzler 2007.

ALT, PETER-ANDRÉ: Tragödie der Aufklärung. Eine Einführung. Tübingen u. a. O.: Francke 1994.

ARISTOTELES: De arte poetica. Übersetzt und herausgegeben von Manfred Fuhrmann. Stuttgart: Reclam 1996.

ASMUTH, BERNHARD: Einführung in die Dramenanalyse. Stuttgart: Metzler 1980.

BARNER, WILFRIED u. a.: Lessing: Epoche – Werk – Wirkung. Arbeitsbücher für den literaturgeschichtlichen Unterricht. München: C. H. Beck 1975.

BORGSTEDT, ANGELA: Das Zeitalter der Aufklärung. Darmstadt: Wissenschaftliche Buchgesellschaft 2004.

GUTHKE, KARL S.: Das deutsche bürgerliche Trauerspiel. Stuttgart: Metzler 2006.

KOOPMANN, HELMUT: Drama der Aufklärung. Kommentar zu einer Epoche. München: Winkler 1979.

ROCHOW, CHRISTIAN ERICH: Das bürgerliche Trauerspiel. Stuttgart: Reclam 1999.

SCHINGS, HANS-JÜRGEN: Der mitleidigste Mensch ist der beste Mensch. Poetik des Mitleids von Lessing bis Büchner. München: C. H. Beck 1980.

SCHNEIDERS, WERNER: Das Zeitalter der Aufklärung. München: C. H. Beck 2008.

SCHÖSSLER, FRANZISKA: Einführung in das bürgerliche Trauerspiel und das soziale Drama. Darmstadt: Wissenschaftliche Buchgesellschaft 2008.

WUCHERPFENNIG, WOLF: Geschichte der deutschen Literatur. Von den Anfängen bis zur Gegenwart. Stuttgart: Klett 1986.

Internet

www.lessing-akademie.de

https://www.lessingmuseum.de